现代篮球体能训练理论与实践研究

杨培培　夏重华　史博强　著

中国海洋大学出版社

·青岛·

图书在版编目（CIP）数据

现代篮球体能训练理论与实践研究/杨培培，夏重
华，史博强著. —青岛：中国海洋大学出版社，2021.9
ISBN 978 - 7 - 5670 - 2955 - 2

Ⅰ．①现… Ⅱ．①杨… ②夏… ③史… Ⅲ．①篮球运
动－体能－身体训练－研究 Ⅳ．①G841

中国版本图书馆 CIP 数据核字（2021）第 205569 号

出版发行	中国海洋大学出版社			
社　　址	青岛市香港东路 23 号	**邮政编码**	266071	
出 版 人	刘文菁			
网　　址	http：//pub.ouc.edu.cn			
电子信箱	2586345806@qq.com			
订购电话	0532 - 82032573（传真）			
责任编辑	矫恒鹏	**电　　话**	0532 - 85902349	
印　　制	青岛至德印刷包装有限公司			
版　　次	2022 年 6 月第 1 版			
印　　次	2022 年 6 月第 1 次印刷			
成品尺寸	185mm×260mm			
印　　张	6.5			
字　　数	166 千			
印　　数	1～1 000			
定　　价	37.00 元			

发现印装质量问题，请致电电话 0532-83645098，由印刷厂负责调换。

前　言

　　篮球运动在我国的体育运动中占有重要的地位，篮球运动是一个综合素质要求很高的运动项目，篮球运动过程中运动强度比较大，包含的运动形式也很多，如弹跳、投、跑等动作，学生在学习篮球运动过程中能够有效提升自身身体素质。随着素质教育的实施，原有的篮球教学方法受到了挑战，新时期的篮球教学是以"终身体育"精神为教学目标的，因此，本书对现代篮球体能训练理论与实践进行了研究。从篮球体能训练入手，分析出其中存在的问题。为今后的科学化体能训练提供依据，希望能通过科学的体能训练使篮球受训者的整体水平得到提高。

　　本书首先介绍了篮球运动的发展历史、规律与价值，并对篮球教学理论与方法进行详细阐述；然后研究了篮球运动体能训练科理论；最后分别对篮球运动力量素质、速度与耐力素质、柔韧与灵敏素质训练实践的研究探索。

　　本书在编写的过程中，参考并借鉴了许多国内外相关研究文献及其他学科的部分相关资料，在此谨向引文的原著者表示衷心的感谢。限于作者水平，不妥之处希望广大专家和读者多提宝贵意见，使本书日臻完善。

编　者

2020 年 2 月

目　录

第一章　导论

第一节　篮球运动的发展历史

一、篮球运动的起源

1891 年冬，美国的马萨诸塞州斯普林菲尔德市基督教青年会训练学校（今春田体育学院）的教师詹姆士·奈史密斯博士，根据学校指示要设计一个冬季可以在室内运动的体育活动。由于当地盛产桃子，儿童又非常喜欢玩向桃子篮筐内投石的游戏，从中受到启发，詹姆士·奈史密斯发明了篮球游戏。

詹姆士·奈史密斯找来了两只桃篮，分别钉在健身房内看台的栏杆上，桃篮上沿距离地面的高度为 10 英尺（3.048 米），用足球作比赛工具，将全队分成两组进行比赛，向篮内投掷，投球入篮得一分，按得分多少决定胜负。以后逐步将竹篮改为活底的铁质球篮，后又在铁篮上挂了线网。到 1893 年，形成了近似现代的篮板、篮圈和篮网。因起初使用的是桃篮和球，遂取名为"篮球"。经过几次体育课试验后，1891 年 12 月 25 日圣诞节之夜，詹姆士·奈史密斯将培训班的 18 名学生分成两队，用足球做游戏工具进行了表演比赛，并把游戏介绍给观众。从此，篮球运动诞生了。

为了保证当天的比赛顺利进行，詹姆士·奈史密斯制定了最初的五项规则：

（1）使用足球式的柔软圆形球；
（2）必须用手传递，不得用脚踢、拳打和头顶，也不得抱着球跑动；
（3）避免粗野动作，不得打、拉、推对方；
（4）任何队员在任何时间都可占据场上的任何位置；
（5）投掷的目标应设置在空中，呈水平状态。

最初制定的五条规则始终没有变。1908 年美国制定了全国统一的规则，并用多种文字出版，在全世界发行。

二、篮球的传播与发展

篮球运动产生后，很快便传播起来，先是在美国许多地方开展，1892 年传入墨西哥，1893 年传入法国，1895 年传入英国、中国，1896 年传入巴西，1897 年传入捷克斯洛伐克等国。1904 年第 3 届奥运会在美国圣路易斯举行，美国青年会男子篮球队首次进行了表演。此后，篮球运动逐步在美洲、亚洲、欧洲和大洋洲开展起来。

篮球运动在向世界传播的同时，美国人不仅极力推动篮球技术、战术的发展，而且在篮球市场的开拓上进行着尝试和努力。1898 年，美国新泽西州特伦顿的一支球队用 25 美元租用了当地一家礼堂进行比赛并向观众售票。在赛后的分红中，队长库伯组织比赛有功，首先领到了 1 美元，然后每个队员都分到了 15 美元。这场"有偿篮球赛"被不列颠大百科全书认定为第一场"职业篮球赛",而库伯则成为第一个从篮球比赛中得到收入的"职业选手"。

1932年6月18日在瑞士的日内瓦成立了"国际业余篮球联合会"(简称国际篮联,FI-BA),初期只有葡萄牙、阿根廷等欧美的8个会员国,现已发展到213个会员,遍布五大洲。国际篮联专门设立了规则研究机构,同年以美国大学生规则为蓝本,略加修改,正式出版了第一本《国际篮球规则》。以后每四年篮球技术委员会将提交世界代表大会修改并通过新的《篮球规则》。

1936年第11届奥运会将男子篮球列入正式比赛项目。

1946年6月6日,由美国11家冰球馆和体育馆的老板们共同发起成立了一个全美篮球协会(Basketball Association Of America,缩写为BAA)。其目的,一是使体育馆在冰球比赛以外的时候不至于空闲;二是争夺当时由成立于1937年的、最好的职业篮球联盟——"国家篮球联盟"(National Basketball League,缩写为NBL)占据的职业篮球市场,成为娱乐和体育新的消费热点。BAA在经营不到两年的时间里终于合并了NBL,并更名为"国家篮球协会"(Nation Basketball Association,缩写为NBA)。如今,NBA已经家喻户晓,风靡世界,无论是NBA的技术和战术,还是NBA的经营理念都为当今世界篮球的发展树立了楷模,领导着世界篮球运动的发展潮流,使篮球运动成为受人喜爱的体育运动项目之一。

1948年小篮球运动开始萌芽,许多国家纷纷在少年儿童中间开展这项运动,并受到国际篮联的重视,于1968年成立了"国际小篮球委员会"。

1950年和1953年分别举行了第一届世界男、女篮球锦标赛。

1976年第21届奥运会又增加了女子篮球比赛。

20世纪90年代,国际奥委会为了奥运会比赛更加精彩和有吸引力,允许职业篮球队员参赛。自1992年在西班牙巴塞罗那举行的第25届奥运会以来的历届奥运会上,美国的"梦之队"把篮球比赛变成了篮球的技巧表演,使这项运动的技艺展现得更加完美,战术打法更为精练、多变、实用。

随着男子篮球职业化的发展,女子篮球也在向职业化的方向努力。美国于1995年率先组织了女子篮球职业俱乐部(WNBA),举办了女子篮球职业联赛。在欧洲、亚洲等地也陆续出现女子篮球职业俱乐部,举办女子篮球职业联赛。

三、篮球运动的演变

(一)技术的演变

促使篮球技术发展的主要因素有篮球规则的不断增加和修改、运动员的身高和身体素质的不断提高、篮球战术的不断发展、比赛中攻守对抗的相互促进等。

篮球运动技术经历了一个由低级到高级、由简单到复杂、由单一到全面的发展过程。早期的篮球技术很简单,普遍用双手做传球和投篮的动作。到20世纪三四十年代,出现单手和行进间技术,开始运用简单的组合技术动作,技术动作不断创新,动作速度加快。20世纪五六十年代,高度、速度、力量、技巧相结合,运动员篮球运动技术向全面化发展。20世纪七八十年代,运动员技术全面发展,进攻技术中的对抗性、快速性和技巧性,以及高空优势更加明显。防守技术更具威胁力、破坏力。到21世纪,进攻技术已经演变得更加高超、实用,防守技术更具攻击性、破坏性,女子技术男子化。

1. 进攻技术

（1）传球

根据早期的规则规定，运动员不能拍球和抱球跑。因此，传球是主要的篮球运动技术，其技术方法是从美式橄榄球的技术借鉴而来，方式多为低手抛球和单手大轮臂式传球。

传接球技术的演进过程：

双手腹前抛传球—单手大轮臂式传球—双手胸前传接球—单手胸前传接球—单手肩上传接球—双手头上传接球—行进间传接球—勾手传球—单手点拨球—背后传球—组合传接球技术。

（2）投篮

从发明篮球运动起，投篮技术就是运动员必须掌握的主要技术之一。

投篮技术的演进过程：

双手低手端球投篮—双手胸前投篮—双手头上投篮—行进间高、低手投篮—单手肩上投篮—跳投—勾手投篮—扣篮。

（3）运球与突破

随着篮球运动向快速和多变的方向发展，运球技术直到1928年才被认为是合法的。在这20年间，运球技术有了很大的发展，也从直线运球向变向运球、换手运球，直至转身运球、背后运球等方向发展。1929年突破技术开始出现，并得到了合法的承认。

运球技术的演进过程：

直线运球—变向运球—换手运球—转身、背后运球—持球突破—综合运球。

2. 防守技术

防守技术的演变与进攻技术的发展密切相关。进攻技术的发展促进防守技术的发展。攻与守作为矛盾的两个方面，既相互对立、相互制约，又相互依存、相互促进。当防守技术限制进攻时，必将促使进攻的再认识，以更先进的进攻技术突破防守；当进攻突破防守后，反过来又会促进对防守进行研究，使防守有更大的发展。例如，投篮出手点由低向高发展，导致"盖帽"技术的出现；运球技术在方向、速度上的变化，导致了防守移动速度的加快和方法上的革新；传接球技术的提高促进了提前防守、"冻结"防守。又如，20世纪40年代以后，各种跳投技术先后出现，队员攻击能力增强，迫使人们重新认识防守，提出攻击性防守的理论，抢、打、断、盖的攻击性防守技术应运而生，防守观念也随之发生了变化。

同时，规则的增订、修改促进防守技术的演变、发展。例如，5次犯规取消比赛资格的规定，促进了防守技巧的提高；10、8、7秒规则刺激了全场防守的积极性；场地扩大，增大了防守的难度；3分球的规则，促进了防守区域的扩大。

防守技术演变的过程：

消极、被动防守—"粘人"防守—人球兼顾防守—紧逼防守—打、抢、断、盖防守技术的出现—错位防守无球队员—攻击性紧逼防守—综合防守。

（二）战术的演进

1. 篮球进攻战术的演变与发展

（1）阵地进攻战术的发展过程

篮球进攻战术的发展是在防守技术、战术的促进下，产生了进攻基础配合，形成了整体的进攻战术打法。经历了"站立式"的固定配合进攻、"行进间"的固定配合进攻、"换位"进攻和"移动"进攻四个阶段。

（2）快攻

快攻战术是篮球运动中出现比较早的战术之一。最初是跳球后进行快攻，继而出现了抢得后场篮板球或掷界外球长传快攻，而后，发展到抢断球后立即快攻，突出的是篮板球快攻。快攻战术发展高峰时期，其得分竟高达全场比分的50%。投篮技术向高手行进间投篮发展，以及篮球规则在时间上的不断修改，是促进快攻战术发展的主要原因。

①站立式固定配合

阶段特点：绝大部分技术动作都在原地进行。

主要配合方法：阵地进攻配合基本上是策应配合、中锋定位掩护等固定配合。

②行进间固定配合

阶段特点：出现运球技术及单手跳起投篮技术，运动员在运球过程中突然跳起投篮或突破篮下投篮得分，使进攻战术从原地向跑动方向发展。

主要配合方法：运用"8"字移动相互掩护进攻。

③换位进攻

阶段特点：通过队员不停顿的移动换位，在快速移动中不断地变换配合方式，以创造有利的进攻机会，保持进攻的连续性，增加进攻点，扩大进攻面。

主要配合方法：连续由后卫和前锋、前锋和中锋进行换位，互相掩护穿插进攻。

④移动进攻

阶段特点：遵循一定目的和人与球的有原则地连续移动，视比赛的片段情况灵活地运用各种配合。

主要配合方法：灵活地运用基础配合，机动地进行战术行动。

2. 篮球防守战术演变过程

在篮球防守战术发展的历程中，首先发展的是区域联防，靠集体的力量联合起来防御进攻。到20世纪30—60年代，在协防、补防、交换等防守基础配合的基础上，出现了人盯人防守。20世纪60—80年代出现了既有区域联防特点，又有人盯人优势的区域紧逼防守，并在比赛中不断完善。

四、篮球运动的特点

（一）现代篮球运动的具体特点

1. 集体性

篮球运动比赛是以两队队员相互协同攻守对抗的形式进行的竞赛过程。只有集整体的智慧和技能，发挥团队精神，协同配合，才能获得最佳成效。

2. 对抗性

篮球运动攻守对抗竞争是在狭小的场地范围内快速、凶悍近身进行的，获球与反获球，追击、抢夺，限制与反限制，不仅需要斗智，还需要充沛的体能和顽强的意志。因此篮球运动是一项高强度的激烈对抗的运动。

3. 观赏性

篮球比赛中，可以欣赏到娴熟的运球、巧妙的传球、准确的投篮、机智的抢断、精彩的扣篮和出奇的封盖，再加上攻守交错、对抗变换，从而使比赛双方斗智斗勇，球场形势变化富有戏剧性，能使参与者和观看者得到心理的满足和愉悦。

4. 趣味性

篮球运动简单易行，趣味性很强，可以因人、因地、因时、因需而异。通过变换各种活动方式，篮球运动更加方便与吸引人们的参与，以达到活跃身心、健身强体的目的，进而提高社会的文明氛围，充实人们业余文化娱乐生活。

5. 转换性

攻守快速转换是现代篮球比赛的重要特点。攻后必守，守后必攻，攻守不断转换，转换发生在一瞬之间，瞬间变化无常，使比赛始终在快节奏情况下进行，给人以悬念。这也是篮球比赛的魅力所在。

6. 时空性

篮球比赛在一定的时间内围绕空间的球和篮筐展开攻守对抗，因此在比赛过程中必须要有强烈的时间观念和空间意识，运用各种形式、方法和手段去争夺时间，拼抢空间优势，从而获得主动，赢得胜利。

7. 综合性

篮球运动包含跑、跳、投等身体活动。从其涵盖的科学内容体系而言，它涉及社会学、军事学、生物学、管理学、体育学、竞技学、教育学等等。因而，篮球运动是一项综合性的体育运动。

8. 职业性

自20世纪中期在欧美国家率先成立职业篮球俱乐部以来，随着竞技水平的提高以及赛制和规则的完善，现代篮球运动在全球蓬勃发展。运动员智能、体能和技战术水平的不断提高，对推动篮球职业化进程起了新的催化作用，至20世纪八九十年代，职业篮球俱乐部如雨后春笋般在美洲、欧洲、澳洲、亚洲建立起来，特别是在国际奥委会同意美国NBA职业球员参加国际大赛后，全球职业化篮球已发展成为一项新的产业。这是20世纪篮球运动发展的一个新的特点。

9. 商业性

篮球运动商业化的重要特征是篮球运动的组织体制、赛制和训练管理机制的商业化气息越来越浓。运动员自由人地位的确立，运动技能、能力、价值观的变更，俱乐部产权的明晰，对独立社会法人代表的重新认识，这一系列的变革一方面促进了世界篮球运动向更高的竞技水平发展，另一方面，也有力地推动了职业化篮球向商业化、产业化方向的发展。这已成为21世纪世界篮球竞技运动发展的新趋势。

(二) 现代篮球运动的竞技特点

篮球运动自1891年被发明到现在已有一百多年，经历了由低级到高级、由简单到复杂的发展过程。今天，展现在我们面前的是一项具有现代化特点的攻守激烈对抗的竞技体育，其特点表现在以下几个方面。

1. 高

(1) 运动员的身高优势。自1952年美国队在第15届奥运会上出现2米以上的高大队员，并且全队平均身高达1.945米以来，世界各队都非常重视巩固本队队员的身高优势。目前，世界强队中男队各队平均身高稳定在2.03米左右，中锋身高为2.10~2.20米。

(2) 弹跳高度。原华盛顿"子弹"队队员斯帕特·韦伯，是1986年全美扣篮冠军，身高只有1.70米，原地纵跳高度1.04米，助跑纵跳高度1.22米。身高在1.90米以上的男篮队员基本上都可以扣篮。女子队员中美国女篮20世纪80年代中期出现的优秀选手米勒·谢里尔，身高 1.91 米，她可以扣篮。身高在 1.80 米以上的女队员，相当多的人都可以摸到 3.05 米的篮圈。

（3）抢篮板球高度。目前世界优秀男队争夺篮板球的高度在 3.50 米左右，平均在 3.30 米。世界优秀女篮争夺篮板球的高度在 2.95 米左右。

2. 快

（1）各队打快的意识和打快的能力非常强。只要有打快的机会，决不放过。

（2）过去只是认为比赛是由进攻和防守组成，进攻后变防守，防守后变进攻。现在，大家深刻认识到攻守转换这个环节也是比赛结构的重要组成部分。各队越来越重视快速地攻转守、守转攻。

（3）技术、战术间的衔接速度快。在篮球比赛中，技术与战术间的衔接速度非常快，如急停跳投，不论运球急停跳投还是接球急停跳投，急停后的跳投都非常突然，使对方防不胜防。

3. 巧

（1）非常熟练地运球、传球，连续地胯下变向，连续地背后变向运球，转身运球中运用假动作摆脱防守，使防守队员很难掌握进攻队员的进攻意图。

（2）篮下跳起后的各种换手投篮、变换角度的投篮，投篮前结合各种跨步、转身技术摆脱防守或结合假动作摆脱防守，常常使人眼花缭乱，防不胜防。

（3）空中转身投篮、跳起空中接球后的直接扣篮或妙传经常出现在比赛中，扣篮已经是一些球队和队员的常规得分方式，这也增强了篮球比赛的观赏性。

4. 强

（1）超强的技术。20 世纪 60 年代以前，运动员只要掌握一招一式就可以在篮球队中打主力，在比赛中发挥重要作用。而当代高水平的篮球比赛，各队中的优秀运动员，个个都是能攻善守、能投能抢的全面选手，个个都有自己的技术特长和绝招技术。

（2）强大的明星阵容。明星队员在比赛的关键时刻能起到稳定军心的作用，有的明星队员在困难阶段，依然勇往直前毫不手软，敢于杀出一条血路来，为本队的胜利立下汗马功劳，而有些球队正是因为缺少明星队员挑大梁而导致比赛失败或得不到理想的战绩。

（3）强大的攻防阵容。从 NBA 比赛和世界一些强队的比赛中可以看到，在比赛过程中战术套路运用熟练、配合默契，特别是全队整体战术配合。

第二节　篮球运动的规律与价值

一、篮球运动基本规律

（一）集体协同

篮球运动是集体协同作战的一项运动，要取得比赛的胜利，必须依靠集体的力量。篮球运动要求每名运动员在比赛中必须做到齐心协力，密切配合。不仅要求比赛场上的 5 名队员协同配合，而且要求充分发挥教练员的指挥才能和场下替补队员的作用，将全队作为一个整体来设计战术、制订战略。在现代高水平的篮球比赛中，速度之快、强度之大、对抗之激烈，已进入更高层次，能否充分发挥整体力量是能否承受高强度对抗的关键。

（二）凶悍对抗

篮球运动的高速对抗，体现在采用合乎规则要求的手段（身体与技术、战术）在地面与空间制约对方。在比赛时间的限制下，加快进攻与攻守转换速度，提高运用技战术间衔接的速率和战术变化的节奏，以增加攻击次数，提高得分的概率，已成为篮球运动攻守对抗中制胜的法宝。因此，在积极占有制空优势的同时，还要占有地面攻守速度优势，使高度与速度在对立中求统一、在制约中找联系，将高度和速度有机地结合起来，达到高度与速度在对抗中均衡发展。

（三）攻守平衡

篮球比赛是由两个队在规则规定的时间内不断地进行攻守转换完成的。在 20 世纪 60 年代中期，美国篮球专家迪安·史密斯就提出了攻守平衡理论。进攻与防守是篮球运动竞赛的一对基本矛盾。从总体上说，进攻是第一位的，只有进攻才能得分，只有得分才能赢得胜利。但在竞赛过程中双方在同一时间段里非攻即守，交替转换，一次进攻结束后就是另一次防守的开始，周而复始。一旦二者的平衡被打破，就意味着一方要承受失败的痛苦。在篮球运动竞赛中，尽管进攻占主导地位，防守相对居第二位，但若防守积极，主动获球，不仅可加快由守转攻的进程，而且能有力地破坏对方的下一次进攻。因此，攻守并重是篮球运动中相对平衡的一条规律。

（四）动态变化

篮球运动是一项动态性的运动。攻守双方布阵互动，动中守、动中攻、动中及时转换，不间断地实施谋略，以主动地"动"迫使对手被动地"动"。不断地变化动作的节奏和方向，力争主动，这是现代篮球运动的基本规律和特点。"变"是篮球运动的灵魂，"动"是变的基础，"动"是绝对的。场上瞬息万变的形势与运动员心理上的微妙变化，都处在不停的动态变化之中。

二、篮球运动的价值

篮球运动自诞生之日起，就令人心醉、引人入迷。

（一）健身价值

（1）篮球运动的技术动作由各种跑、跳、投基本技能组成，能促进人体的力量、速度、耐力、灵敏度、协调性等全面身体素质的发展，提高内脏器官的功能，增进健康，对人的机体产生综合性的影响。

（2）篮球运动能够提高人体感受器官的功能，提高分配和集中注意力的能力及空间、时间和定向能力，还能提高神经中枢的灵活性，以及协调、支配各器官的能力。

（二）教育价值

篮球运动对青少年的教育作用是多方面的。篮球运动是一个在规则约束下的集体性体育项目，对培养青少年的组织性、纪律性、集体主义精神和机智灵活的应变能力具有显著的作用，能够培养运动者良好的行为规范和良好的组织能力，有助于培养学生的竞争意识和开拓精神，可以培养学生坚强的意志。同时竞赛能激励学生力争上游、奋勇拼搏，也有助于培养他们的责任感、义务感和集体荣誉感，加快青少年的社会化进程。因此，篮球运动的教育价值是很高的。

（三）娱乐价值

娱乐性是植根于篮球运动中的原始特性。对于大多数篮球爱好者而言，他们参加篮球活动的主要目的，并不是为了提高自己的篮球技战术水平和专项能力，而是为了缓解工作、生活中的压力，宣泄自己的情绪，愉悦身心，收获运动的快乐。随着竞技水平的提高、商业的推广和艺术的包装，篮球运动充满了休闲、娱乐的元素，这些元素以一种特有的表现形式和作用，感召着大量篮球运动爱好者关注篮球运动的发展，并参与到篮球活动和篮球竞赛中去，去体验篮球运动带给他们的快乐，对丰富人们的业余文化生活和建设精神文明起到一定的积极作用。

（四）经济价值

篮球运动所体现的经济价值，是与篮球运动的发展和职业进程紧密联系在一起的，它的经济价值是逐步被发现的。在初期，人们发现包括篮球运动在内的体育活动能增强人的活动能力，能提高劳动效率，能减少疾病，降低医疗费开支。20世纪40年代美国职业篮球运动的兴起和1992年允许职业篮球运动员参加奥运会的比赛，使得篮球运动与经济的发展紧密结合起来。随着篮球运动职业化进程的加快，篮球运动在门票、服装、广告、电视转播等方面已形成一个产业链，产生了巨大的经济效益。

职业篮球不仅在北美洲，而且在欧洲、亚洲、大洋洲、非洲和南美洲的许多国家开展起来。篮球运动的商业经济价值仅从 NBA 中就可见一斑。从经营收入来看，历史最短的 NBA，在美国篮球、棒球、冰球和橄榄球 4 大职业体育组织中已列榜首。

（五）审美价值

体育运动的美是世人公认的，篮球运动中的美更加突出。篮球运动员修长的身材、匀称的体形给人以美的感受；篮球运动员在比赛中所表现的力量、速度、动作造型给人以美的享受；准确的投篮、巧妙的传球、默契的配合、快速的推进、闪电般的突破、势大力沉的扣篮等精妙的技战术和他们天才的表演，将篮球的美和运动员的创造性表现得淋漓尽致；篮球比赛节奏感强，变化莫测，比赛结果难以预测，呈现的是一种动态美；运动员和观众的互动、休息时的音乐舞蹈的声、色、形、光的变幻，是人和音乐、舞蹈的美妙结合。篮球赛场的自然美、形式美能使审美主体获得心灵情感的愉悦，篮球比赛满足了人们对"美"的期望与追求。

第二章 篮球运动训练的理论与方法

第一节 篮球运动训练的理论

篮球运动训练是篮球运动教育与教学过程延续的高级形式，训练的目的是促使篮球运动技能、能力和竞技运动水平的提高。

一、周期训练理论

（一）

篮球运动训练理论周期训练理论是训练安排和制订训练计划的基础。周期训练理论的提出，源于人们对运动训练规律的深刻认识，其依据是训练适应性的形成规律、竞技状态发展规律、疲劳与恢复规律。周期性运动训练过程是以循环往复、周而复始的方式进行的，每一次循环往复都不是简单的重复，而是在前一次循环的基础上不断提高训练的要求，从而使运动员不断提高竞技能力与水平。周期性是运动训练的基本规律之一，它的实质在于系统地重复各个完整的训练单元，包括训练课、小周期、中周期、大周期。以周期为基础来安排训练就能把训练任务、方法和手段系统化，并能保证其连贯性。

1. 训练适应原理

（1）训练适应的定义。由运动而产生的有机体与施加负荷的外环境不断取得平衡的过程叫作训练适应。

（2）训练适应的特性。

普遍性：训练适应的普遍性是指机体在形态、机能、运动素质、技术、战术和心理过程等方面都能发生训练适应的现象。

特殊性：机体对训练适应的特殊性表现在不同性质的运动负荷，可以引起特殊的适应性变化。

异时性：机体由于运动训练而产生适应性变化需要一定的时间，而机体各个方面的训练适应现象出现的时间也有所不同。机体在机能上的适应性变化往往先于结构的适应变化。

连续性：机体各方面训练适应的形成具有连续性。由于机体在形态机能、运动素质、技术、战术、心理等方面的适应具有异时性的特点，便促使机体全面适应以渐进积累的方式而形成。机体对某一运动负荷形成了训练适应之后，机体的反应会越来越小，最终这种负荷便不再能引起竞技能力的提高。为了使机体各方面的训练适应进一步发展，就要不断增加运动负荷。负荷提高后，机体又能产生一个新的适应过程，使竞技能力进一步提高。

2. 竞技状态的形成原理

（1）竞技状态的定义。运动员获取优异成绩的最适宜状态叫作竞技状态。

（2）竞技状态的形成与发展。竞技状态的形成与发展是一个连续的发展变化过程，主要包括以下几个阶段：第一阶段，初步形成竞技状态阶段。此阶段又可分为两个小的阶段，前一个阶段为"形成竞技状态前提条件阶段"。前提条件包括有机体机能水平不断提高，运动素质得到全面发展，专项运动技术、战术的形成和心理素质的初步养成。后一个阶段为"初步形成竞技状态阶段"。这一阶段形成竞技状态的前提条件的发展具有了专项化的特点。彼此有机、和谐地结合起来，形成了一个完整的统一体，基本上形成了竞技状态。第二阶段，发展和保持竞技状态阶段。这一阶段的主要任务是进一步发展和保持竞技状态，并使运动员在参加重大比赛前，通过赛前调控和热身赛等手段，达到最佳竞技状态。第三阶段，竞技状态暂时消失阶段。此阶段中竞技状态暂时消失，运动员进入调整、恢复阶段，并为进入下一个竞技状态周期做好准备。

二、训练调控理论

1. 超量恢复原理

（1）超量恢复的定义。在运动后的恢复过程中，被消耗的能源物质含量，不仅能恢复到原有水平，而且在一段时间内还出现超过原有水平的情况，叫作超量恢复。

（2）超量恢复理论在调控中的作用。超量恢复是对未来重复进行较大运动负荷时能源物质再一次耗尽的一种预防性、保护性机制，是机体对运动负荷产生训练适应的第一阶段。它对训练调控具有重要的理论意义和实践意义。在运动训练中，这一理论已经得到了广泛的运用。如间歇训练的间歇休息时间的掌握，就是根据恢复原理和规律，选择反应的时间，使间歇休息中，物质能量得到一定程度的恢复，既能保证刺激强度，又能为进一步运动提供物质保证。超量恢复也为肌糖原填充法提供了理论依据。通过糖原负荷法，即在比赛前一周进行衰竭性训练，随后三天进行高蛋白、高脂肪膳食，使肌糖原水平下降，同时提高肌糖原的活动，最后三天进行高糖膳食。在这一周时间内完成一定的运动量和强度，并注意减少或防止肌糖原的多余消耗，使肌糖原产生明显的超量恢复，从而大大提高运动员的竞技能力。

2. 应激原理

（1）应激的定义。应激是人体对于外部强负荷刺激（包括生理和心理刺激）的一种生理和心理的综合反应。它是指当有机体受到异常刺激时，身体就会引起一种紧张的心理状态，这种状态称为应激。在运动训练中，运动负荷不可能始终停留在一个水平上，要想不断提高运动竞技能力，就要不断地提高运动负荷水平，打破机体对原有负荷的平衡状态，达到一个新的负荷水平。在稳定一段时间后，再增加负荷。如此循环往复，从而达到提高训练水平的目的，这是"超量负荷原理"，而这原理的生理学基础就是应激学说。

（2）应激在训练调控中的作用。应激学说应用于运动训练中，不单是为了防御机体的衰竭过程发生，避免过度训练，更重要的是在于对运动负荷后恢复期内如何改变酶的活性和细胞的通透性，从而对恢复过程进行调整，以加强合成代谢，加速适应的过程。因此，在运动训练中，不但要掌握应激过程中肾上腺皮质系统的活动，也要充分提高垂体性腺系统在合成代谢中的机能，这是当前应激系统在运动训练中应用的发展。运动应激提高人体机能的适应过程一般包括机体能源储备能力、机体调节能力和机体防御能力等。而运动应激的核心是激素调节，即由激素调节引起酶活性改变和机能储备提高，以及机体免疫能力提高等适应过程。

3. 恢复原理

（1）身体机能恢复的异时性。在恢复过程中，恢复的各个阶段基本上是一致的，但在恢复的时间上却表现出明显的异时性特点。这种异时性对运动训练的安排与调控具有极为重要的作用。这种异时性主要表现在以下几个方面：①不同能源物质的恢复速度不同。篮球运动活动是以 ATP-CP 和乳酸系统为主。②不同器官的恢复速度不同。首先是大脑和神经中枢的恢复，其次是心血管系统的恢复，最后是肌肉和心理的恢复。③不同的运动负荷恢复的速度不同。负荷越大，恢复越慢，负荷强度比负荷量恢复得快。④不同训练水平的运动员恢复的速度不同。训练水平越高，恢复速度越快，反之越慢。

（2）恢复在调控中的作用。在运动训练中，运动活动之后的恢复过程具有时值不等现象，即机体各种机能的恢复和超量恢复不是同时发生的。根据恢复过程的规律，在运动训练实践中会出现两种不同的恢复类型。一种是完全恢复，指负荷后人体机能恢复到或超过原有水平时进行下一次训练。完全恢复用于下列训练过程：①协调和注意力集中训练；②最大力量训练；③反应和速度训练；④技术训练；⑤比赛练习。另一种是不完全恢复，指负荷后人体机能已大部分恢复，但尚未达到原有水平时进行下一次训练。不完全恢复用于下列训练过程：①速度耐力训练；②力量耐力训练；③专项耐力训练；④意志力训练。

4. 运动负荷训练原理

（1）运动负荷训练的特征。运动负荷是指运动训练中运动员有机体承受运动刺激并由此产生的机体内部生理效应和心理效应的一系列变化的应答过程。运动训练负荷的特征，是给运动员的负荷能冲击自身的"生理极限"，最大限度地挖掘其内在潜力。具体表现在以下几个方面：①负荷水平的极限化；②负荷量度的个体化；③负荷内容的专门化；④负荷内容的定向化；⑤负荷水平的动态化。

（2）运动负荷的科学调控。运动负荷具有以下几个共同的特征：①运动负荷内容的目的性与选择性。任何负荷结构都有它一定的目的性和功能特点，根据训练任务和目的来选择。②运动负荷调控的综合性。同一个总负荷可以由不同的量和强度组合而成。③运动负荷的个体性。由于运动员的生理机能、素质、技术和战术要求的不同，他们所承受负荷的能力也不同，因而安排的运动负荷应具有明显的个体性特点。④负荷量度的定量性与等级性。负荷的表示有两种方法，一种是以大、中、小等定性方式表示，另一种是以具体的定量方式表示。在训练中，为了提高负荷调控的精确性和科学性，越来越趋向各负荷量度的定量化。⑤负荷的动态性。运动负荷是一个持续的过程，这与训练过程的持续性直接有关。

运动负荷表现出的动态性有以下几个特征：负荷的连续性与系统性、负荷的节奏性、负荷的周期性、负荷的可监控性。运动负荷的定量化特点表明了运动负荷的可监控性，训练计划中要求有反馈调控，所以必须确定各训练过程的监控指标与训练水平的评定指标，建立相应的负荷监测。

第二节　篮球运动训练的内容与原则

篮球运动训练是为了发展运动员的竞技能力，提高篮球运动技术水平。在训练中必须遵循篮球运动训练的规律、原则以及运动训练学的基本原理，以理论指导着篮球运动训练实践，科学地解决篮球运动训练应该练什么、怎么练以及练多少等问题，从而实现篮球运动训练科学化、最优化。

一、篮球运动训练的目的任务及内容

（一）篮球运动训练的目的任务

篮球运动训练的目的是不断提高运动员运动技术水平，创造优异的运动成绩。为了达到上述目的，篮球运动训练必须完成以下主要任务。

（1）增进运动员的健康水平，改善身体形态，提高有机体的机能，提高身体素质。

（2）使运动员掌握篮球运动的基本理论，提高篮球技术水平和战术素养。

（3）增强运动员的心理品质。

（4）对运动员进行综合素质教育，培养运动员的道德品质，主要包括热爱篮球事业的敬业精神、顽强拼搏的意志品质、团结协作的团队精神及优良的体育道德风尚。

（二）篮球运动训练的主要内容

在篮球运动训练中，为了完成训练任务，在整个训练过程中需要进行多种内容的训练。

1. 体能训练

体能是人体综合运动能力的统称，反映了运动员的多种运动素质的能力及机能水平。运动素质的发展是掌握篮球技术、战术和培养篮球专项所需要的稳定心理品质的基础，因此体能训练应贯穿于整个训练过程，并根据不同阶段和运动员的各自情况安排适当的比例。

篮球运动员需要具备全面的身体素质，而力量与速度是篮球运动的主导素质，耐力也是运动员必备的重要素质。训练中，应以力量训练为基础，以速度训练为核心，重视耐力训练，全面发展篮球运动员的体能。

篮球运动员的身体训练包括一般身体训练和专项身体训练两方面，专项身体训练是在一般身体训练的基础上发展与篮球运动特点相适应的力量、速度、耐力、灵敏度等素质，以及与篮球技术相关的专门练习，为提高技战术和比赛能力创造条件。

青少年篮球运动员体能训练的比重要大点，一般身体训练比重大于专项身体训练。在训练中一般身体训练与专项身体训练相结合，身体训练与技术、战术训练相结合，身体训练贯穿于全年训练。

2. 技术训练

篮球技术是进行篮球比赛的基本手段，是篮球战术的基础。任何战术意图与配合的实现都要求运动员以掌握熟练的技术动作为保证。因此，技术是比赛胜负的关键，在训练的各阶段都要反复进行技术训练，使技术动作规范、熟练。

技术训练的内容繁多，主要有进攻和防守两大类，每一类有单个基本技术、组合技术和位置技术。在技术训练上要使运动员在掌握全面技术的基础上发展个人技术特长，提高对抗情况下运用技术的能力，逐步形成自己的技术风格。

3. 战术训练

战术训练是指根据本队的训练目标和实际，在正确的战略思想指导下，设计本队战术打法，按战术基本结构、组织形式、配合方法进行系统练习的一种训练过程。

二、篮球运动训练的特点及原则

（一）篮球运动训练的特点

1. 训练组织的集体化与个体性结合

集体训练是篮球运动训练的重要组织形式。篮球队是一个集体，篮球比赛的胜利要靠集体的力量，靠整体竞技能力。因此篮球训练实践，特别重视全队的"磨合"，从队员的各自特点到全队的战术配合、思想作风，都要通过集体训练的反复磨炼，才能使队伍形成一个团结的、坚强的战斗集体。始终把培养相互配合、协同行动、共同拼搏的集体主义精神贯穿在整体训练中。

篮球运动员具有比赛中位置职责的区别，以及个人条件与技术特点的差异，因此应实施区别对待，进行个人训练。集体训练与单兵训练相结合，对于提高篮球训练效果有着积极意义。集体训练与个人训练相辅相成，互相促进是篮球训练的重要特征。

2. 训练过程的多变化与可控化

篮球运动攻、守对抗过程情况变化具有突然性与多样性的特点，使得训练过程经常出现课前设计的训练组织和练习方法手段难以有效地解决突然变化所产生的问题。因此，促使教练员在训练过程中随时根据队员练习的情况变化练习的方法和手段，使训练更具灵活性，更符合客观实际。但在科学的训练理论的指导下，对运动训练过程的目标、计划，以及训练过程中信息的传递、反馈都要加以有效的控制，做到训练中"管而不死、活而不乱"。

（二）篮球运动训练的原则

篮球运动训练原则反映了篮球运动训练过程的客观规律，是篮球运动训练工作必须遵循的基本准则。

1. 全队训练与个人训练相结合原则

集体训练是根据篮球运动集体性特点，组织全队进行旨在提高队员技术组合及队员间技术配合及集体对抗能力的练习；个人训练是指根据运动员的个体特点、位置要求、技术水平与心理品质的不同，进行单兵练习，以形成运动员的技术特点。在训练中应将两者合理安排，以达到最佳训练效果。

2. 训练与比赛相结合原则

训练与比赛相结合是指在篮球运动训练过程中技术、战术训练要符合实战需要，通过比赛检验训练，发现问题，同时提高运动员在比赛中运用技术的能力，熟悉战术配合打法。通过比赛使运动员获得比赛经验，提高竞技能力。

3. 合理安排运动负荷原则

在篮球训练过程中，要根据训练任务和训练对象的水平，逐步、有节奏地加大运动负荷，直至最大限度。

第三节　篮球运动训练的组织与方法

一、篮球运动训练课的类型

篮球运动训练课的类型主要有以下几种。

（一）体能训练课

体能训练课是以各种身体素质练习为手段，以提高和保持运动竞技水平为主要目的的训练课，更多地发展篮球运动员的一般和专项身体素质。

（二）技术、战术训练课

技战术训练课是以篮球的技术、战术为主要内容，以提高运动员的技术运用和战术配合能力为主要目的的训练课。技术、战术训练的步骤如下。

1. 技术训练步骤

（1）单个技术训练

篮球技术是由大量的单个技术动作组成。单个技术训练的目的主要在于掌握、提高单个技术的动作技能。单个技术是掌握复杂技术和创新的基础，运动员应该坚持进行单个技术的训练，不断提高技术水平。

（2）组合技术训练

篮球组合技术，是指两个以上单个技术动作有机衔接所形成的各种特殊的技术群的总称。在进行组合技术训练时，要从实际出发，分析和提高比赛中出现的各种复杂情况，设计不同的组合技术练习手段。掌握各种组合技术，为在对抗条件下运用技术打好基础。

（3）位置技术训练

篮球比赛中队员的位置分为中锋、前锋和后卫，不同位置的队员在比赛中承担着不同的职责和攻守任务。教练员必须根据队员的位置和攻守任务，有针对性地强化位置技术训练。

（4）攻防技术的对抗训练

篮球技术训练的主要任务不仅是形成动作技能，更重要的是学会如何在比赛条件下运用已形成的动作技能达到一定的战术目的。为此，必须有计划、有要求地进行攻守技术的对抗训练。在掌握单个技术、组合技术及位置技术的基础上，学会在攻守对抗的情况下克服对手的阻挠和制约，达到及时、准确、合理地运用技术的目的。

2. 战术训练步骤

（1）战术基础配合训练

篮球比赛的战术形式繁多，但都离不开基础配合，基础配合是全队攻防战术的基础，只有熟练地掌握和运用这些基础配合，才能在全队战术配合时更加机动灵活，更有效地发挥战术的作用。

（2）全队战术配合的衔接训练

在局部基础配合训练有了一定基础的情况下，可以进行战术配合的衔接训练，包括局部战术配合衔接训练。局部战术配合的衔接训练就是将局部的基础配合进行组合训练。在这种训练中，要体现出主次配合衔接、进行过程中的连接性和变化。全队战术配合的衔接训练，就是在局部战术配合的基础上所进行的全队完整战术训练。通过这种训练，可提高全队配合的整体观念，明确在全队配合下自己的行动，以提高个人行动与集体配合的合理性和攻击性。

（3）战术配合的综合应变训练

在掌握两个或两个以上全队战术的基础上，需要进行各种战术综合变化的组合练习，提高运用战术的应变能力。一方面要提高进攻与防守战术的转化能力，另一方面要提高综合运用战术的能力。

（4）战术配合的比赛训练

战术配合的比赛训练是检验战术训练水平的重要手段，具有很强的对抗性。通过比赛训练，发现战术配合训练中存在的问题，提高队员的运用能力。

（三）比赛训练课

比赛训练课是以教学比赛为主要手段，以提高运动员的技战术运用能力为主要目的的训练课。

（四）综合课

综合课包括上述三种类型课中的两种以上内容的训练课。

（五）调整训练课

调整训练课是以技术训练和心理恢复为手段，以调整和恢复为目的的训练课。

二、篮球训练课的组织与方法

（一）篮球训练课的组织

篮球训练课的组织与其他教学课的组织没有特殊的地方，主要包括人员的组织、练习的组织、课的时间分配、运动负荷的安排四个方面。

人员组织，主要方式有个人作业练习和集体组织练习两种形式。在实践中常常将两种形式结合进行，在一次课中，既有集体练习，也有个人练习。教练员应根据课的主要任务来决定，是以集中为主，还是以个人练习为主。

练习的组织，主要指练习程序和练习内容。在实际练习中，一般是先进行基本技术的练习，再进行战术配合练习、全队战术教学与训练。

课的时间分配，主要指在一堂课中，各种练习时间的分配比例。以技术练习为主的课，在时间分配上应以技术为主，同样，以战术练习为主的课，战术练习的时间相对要长。

运动负荷安排，主要指课的运动负荷应以课的任务为依据，在一定的条件下，运动负荷应达到队员的体能可以满足全场篮球比赛的需要。负荷量和负荷强度应遵循由小到大、循序渐进的原则，篮球课保持在2～3个负荷高峰即可。

（二）篮球运动训练方法

运动训练是在教练员的指导下，根据科学的教育原则，有计划、有目的、系统地为提高运动员的竞技能力和最大限度地挖掘运动员的潜能，为争取优异成绩而准备的全过程。篮球运动训练是教练员与运动员合作的双边活动，教练员的组织、指导、教育主导作用和运动员积极参与的主体作用相互依存、相互促进，得到充分施展与发挥。篮球运动训练不仅是运动技能不断提高的过程，也是一个复杂细致的教育过程，只有遵循专项训练与思想教育相结合的原则，采用科学而合理的训练方法与手段，才能使训练顺利进行，达到既定目的。

1. 篮球运动训练的基本方法

（1）重复训练法

训练过程中，对某种动作采用同一运动负荷和相同的间歇时间进行多次练习，以达到增加运动负荷和巩固技能的目的，称为重复训练法。例如，篮球运动训练中的连续投篮、传球等。重复次数的多少，对身体的作用不同，对巩固机能的作用也不同。重复次数的多少须依据学生所能承受的运动负荷量和完成动作所需的练习量而定。重复训练法可以分为连续重复训练法和间歇训练法。

（2）变换训练法

变换训练法是在训练过程中有目的地变换练习负荷、动作组合，以及变换练习环境、条件等情况进行训练的方法。训练的环境条件、速度、动作组合形式等变化了，对机体的影响也必然随之而变化。这种方法对学生中枢神经系统的协调性和机体调节的灵活性具有特殊的作用。

（3）循环训练法

循环训练法是综合了重复训练法、间歇训练法等一系列练习方法的综合方法，它是把多项活动内容设计成若干个站，让队员一站一站地进行练习，通过连续完成多种不同项目的循环，按照学生自身的负荷指标，使负荷量逐步提高，以达到增强体质的目的。这种训练法对增强学生的肌力、提高身体素质和增强心肺机能等都有显著作用。

（4）比赛训练法

比赛训练法是以比赛为训练内容，通过比赛，提高和锻炼队员的篮球技术、战术和战术意识。比赛是调动队员积极性的有效手段，它可以激发队员的斗志，促进队员积极向上、克服困难，获得优良成绩。篮球运动训练中比赛法的种类多种多样，有教学比赛、检查比赛、测验性比赛等等。不论采用哪种比赛法，都要根据教学任务来决定，必须注意运动负荷的调节，严格按照既定的规则要求进行。

（5）心理训练法

心理训练法是运用心理学的手段，提高运动员的心理素质和运动成绩的训练方法。心理训练与传统的身体训练、技术训练、战术训练和人格修炼相结合，构成了现代运动训练的完整体系。心理训练方法很多，但主要包括运动的表象训练法、想象训练法、语言暗示训练法、生物反馈训练法和放松训练法。

（6）领会法

和传统的教学训练方法相比，领会法主要的教学重点是强调篮球的特性和与别队在进行比赛的过程中要注意的战略战术，在教学的过程中要注意把篮球动作训练的技术由纯粹的为教学而教学，转变为提高学生的学习兴趣上，进一步增强学生的认知能力，不再是以往的为教学而教学。此外，在使用领会法进行篮球的教学训练活动时，要重视的一个问题就是培养学生的一种比赛的战术意识，而不仅仅是从基本的技术工作要领开始教学生。因为此种方法在进行篮球教学时，淡化了动作的规范性和统一性，打破了通常训练的定式思维，所以对于培养学生在比赛过程中的战术意识起到了很好的促进作用，也对学生在领会战术意识起到了一定的提高作用。这样学生可根据自身的特点，逐步地提高自己的篮球技术水平和战术能力。

在进行篮球训练时，要使用领会法这种教学方法时，务必注意以下几个教学要点：第一，从篮球运动的具体特征出发，然后再转移到具体的技能学习，最后的教学训练还要回到整体的运动和训练中。第二，从篮球运动的战术意识入手，在整个的教学训练的各个过程中，都要把篮球运动的整个战术意识贯穿进去。第三，在训练过程中要突出篮球运动的主要技术。第四，在训练过程中就要注重篮球运动的比赛形式，加强学生对运动战术的理解。

（7）游戏法

在进行篮球训练的过程中，所采用的游戏法主要是指把各种篮球运动的技术要领和技术动作使用既定的规则编排成各种各样的游戏，使学生在轻松快乐的游戏氛围中掌握技术要领的一种训练方法。使用这种教学方法，可以使学生在枯燥的训练过程中体验出一种愉悦感，不会使学生觉得无聊和没有意思，符合学生的特征。所以，在进行篮球训练时，可以在训练过程中穿插游戏，将教学内容和游戏结合起来，激发学生对篮球训练的兴趣，提高其积极主动性，加快学生对技能的掌握。

在进行篮球训练时，使用游戏法教学时，务必要注意以下几个教学要点：第一，在使用此种教学方法时，对于篮球运动的基础训练和技术要先让学生掌握，然后才能将各种技术的训练方法编排成各种游戏，这样既可以培养兴趣，又能轻松掌握要领。第二，要使学生把每次的训练都当成对抗，在对抗的游戏中适应和接受这种比赛方式，尽快地掌握各种对抗能力和技巧，使心理素质得到了进一步的锻炼。第三，在教学训练的过程中使用此种方法，对学生有较好的促进作用，能使学生养成积极的思考问题的习惯，进一步发现问题和解决问题，可以调动学生篮球运动训练的积极性。

通过实践证明，在篮球运动训练中采用游戏法产生了很好的效果，对学生学习的主动性有了很大的促进作用，也提高了学生的兴趣，促进了学生智力的发展，培养了学生在对抗过程中的集体荣誉感和责任感，有利于篮球运动训练教学的最终实现。

2. 训练方法与手段的选择

（1）训练方法与手段的选择要有目的性

为了达到预期的目的，从实际出发，选择或创造性地运用训练方法非常重要。因此，训练方法与手段要有的放矢，要求解决什么问题，提高什么技术环节，目的性一定要明确。任何一种练习方法、一套方法、一系列的训练手段，都是解决一定任务的手段。这种方法练什么，目的是什么，目的性一定要强。

（2）训练方法与手段的选择要有针对性

篮球运动训练方法和手段的选择及运用，首先要根据本队的训练任务和内容确定。同时注意从实战出发，抓住技术动作和战术配合的关键环节，严格要求，扎扎实实地解决。每一个训练手段与方法都有它本身的特点和要求，但在各训练方法与手段之间都有其内在的联系。如一般身体训练与专项身体训练之间、各种基本技术之间、技术与技术之间等等。

（3）训练方法与手段的选择要有实效性

通过练习，应该能使队员在比赛中发挥应有的技术和水平，而不是把某些队员练成"训练队员"。所以练习方法与手段的选择一定要注意实效性。如果仅仅为练习而进行练习，最终只能是徒劳，浪费时间。

（4）训练方法与手段的选择要有循序渐进性

每一种训练手段与方法的选择和使用都要考虑到它的循序渐进性，既不能一下子提高好几个档次，但也不能让队员永远徘徊在同一水平上。可根据队员的水平选择一些比队员实际水平稍高、难度较比赛情况大些并超出队员水平的练习方法与手段。

（5）训练方法与手段的选择要有趣味性

通过一些有趣的练习方法，尤其是利用一些手段，在练习中提高队员练习的积极性。实践证明，趣味性练习的一些方法与手段比一些乏味练习的效果要好得多，尤其是在防守的脚步练习时，多采用趣味性练习的手段和方法，可以减少枯燥性，提高趣味性。如解决防守的低重心问题，单靠平时嘴上强调，讲低重心多么重要，不如采用一个比较有趣味的训练方法进行练习的效果好。实际训练中常采用球不离手的"地滚球游戏"，来练习防守的低重心。

（6）训练方法与手段的选择要有对抗性

在基本技术动作规格规范掌握的基础上要加强对抗性技术的练习，以增强队员运用技术时的对抗能力，而且在训练手段上要给予保证，以保证对抗性练习的质量，为正式参加比赛打好基础。

（7）训练方法与手段的选择要有比赛性

从实战比赛中提高战斗力，是很重要的一种训练手段。从训练与比赛的关系来说，训练的目的是为了比赛，练为战，训练的任务是创造条件，改变条件，增强实力，在比赛中表现出高水平。训练不能脱离比赛，为训练而训练，只练不打，终究脱离实战。通过比赛让运动员取得实战经验，提高实战能力是十分重要的。在训练课中有目的地安排 5 对 5 的分队比赛、教学比赛、公开比赛等。

3.选择训练方法应注意的问题

（1）必须根据本队队员技战术等实际情况，恰到好处地选择训练的方法与手段。教练员必须善于总结，创造性地选择训练手段与方法。

（2）教练员应根据本队训练的任务和内容，并结合队员的实际情况，来确定训练的方法与手段。

（3）训练方法与手段一旦确定后，教练员要在这一过程中，细致观察，不断思考，不断取得经验。如果经过实践证明此方法与手段的效果显著，要加以补充与充实，要坚持下来。在训练效果方面，往往开始提高得很快，之后哪怕是再提高一点一滴，都需要付出艰苦的努力。

（4）训练方法与手段的设计与创造，特别是技术运用的训练，一定要遵循从难、从严、从实战要求出发的原则。只有从实战出发，设计和组织练习方法，设置多种复杂条件，在掌握基本技术的基础上，逐渐增加难度、强度、对抗性，使训练的条件接近实战情况，才能练出过硬的技术，才能在实战中运用自如。

训练方法与手段要根据训练水平的提高不断地改进。由于掌握技术的规律是开始时提高得很快，之后提高得很慢，所以在改进训练方法与手段、进一步提高训练水平时，训练方法与手段的选择是非常重要的。

三、篮球运动训练的科学化管理

（一）科学创新篮球技术

在篮球运动训练中，不能一味地按照以往的经验标准来要求现在的运动员，更多的实战技巧和专业理论都要与时代发展的脚步相互结合，发掘出更多具有价值的科学创新的方式方法，在原有基础上放大优势，规避一些劣势，不断地进行修正和完善。在实际的篮球技术技巧上着手，让运动员在固定的技术动作上，尝试着挑战一些创新的动作，这样在传球、投篮、应战能力上都会有促进作用，一些新的技巧创新也能使整个篮球战术上有新的突破，这充分展现出运动员的敏捷反应能力和随机应战能力，可以在不同的时机和不同的路线中找到更多有效的战略战术，增加作战实力，科学合理地提高整个队伍的整体篮球技术。

（二）科学提高篮球运动员和教练员的综合心理素质

在专业的篮球比赛中，理想的比赛成绩与运动员正常的发挥和教练员专业的指导是分不开的，但是其中运动员和教练员的综合心理素质也起着决定性作用。在竞赛中会有很多不可预见性的因素，这是对运动员和教练员心理上的严峻考验，也需要他们能在比赛前做好一定的心理调整。教练员因为有丰富的竞赛经验，要起到掌控大局的作用，为运动员们在比赛中发生的不同情况制定科学合理的应对措施，不仅要求其对专业篮球基础知识熟练掌握，更要用先进的科学理念来做好工作，成为整个球队的核心领导人物，观察每个运动员在训练中的状态和心理变化，赛前赛后都能做好心理疏导，不断地总结比赛相关经验，这样运动员和教练员在比赛中才能最大限度地发挥专业篮球水平。

（三）科学化管理篮球队伍

整支球队的管理水平的高低，通过运动员的精神状态和作战水平就能很好地反映出来。一支优秀的球队在管理上一定是非常严格的，但是也一定离不开科学化的管理方法，这也是球队长期稳定发展的重要保障。现在已经不是凭经验就可以实施教学的时代，不管是运动员还是教练员都要与时俱进，用发展的眼光来看待篮球运动训练，通过科学化的管理能让球队里的每一个人都时刻充满着朝气，不会一直沉浸在以往的枯燥的训练中，从教练员自身开始树立起良好的训练榜样，制定规范的管理制度和专业的训练流程，更多地将理论应用于实际的技术技巧中，适量地加大训练强度，调动起运动员的主观能动性，让不同能力范围的运动员都能在训练中得到不同程度的提升。更人性化的科学管理模式，训练中一视同仁，这样也能增进运动员的团队意识和团队的凝聚力。运动员们也要高标准严格要求自己，在训练中找到合适自己的技术技巧，循序渐进地熟悉掌握更多专业作战能力，这样整支队伍从上至下齐心协力共同进步，保证在一个良好的训练生活环境下，更快速地适应我国篮球行业的整体发展。

第三章　篮球运动体能训练科理论分析

第一节　篮球运动体能训练理论知识

一、篮球运动体能训练概述

（一）体能概念的界定

认识源于实践，我们对于体能的认识也必然源于体能训练实践。从当前体能训练发展的实践来看，传统的体能概念框架很难在教练员的思想层面形成明确的指向作用，尤其是在当前体能训练思想碰撞较为激烈的阶段，我们主流的体能理论框架的局限性显得更为明显。因此，对原有的体能概念理论框架进行重构已经成为大势所趋。笔者在借鉴前人研究成果的基础上，结合当前发达国家先进的体能训练理念与方法，尝试提出新的体能与体能训练的概念：体能是以能量代谢系统为基础、以功能动作模式系统为载体，通过神经肌肉系统所表现出来的综合运动能力。

体能即体力与综合运动能力的统称。体力包括身体素质与潜力，而综合运动能力是指在与比赛相似情景状态下同时发展多种身体素质的能力。

（二）体能训练的基本原则

训练原则是训练客观规律的反映，是依据运动训练活动的客观规律而确定的组织运动训练所必须遵循的基本准则。在体能训练过程中应遵循的基本原则有：全面性与优先发展相结合原则，系统不间断性原则，科学安排运动负荷原则，结合专项原则，区别对待原则。

1. 全面性与优先发展相结合原则

全面性与优先发展相结合原则是指在体能训练的过程中，应全面地安排和发展运动员各项身体能力，特别是在儿童和青少年时期，应全面发展运动素质，提高一般身体机能水平，以促进专项运动成绩的全面提高，在全面发展的同时应关注青少年身体形态、机能和身体素质发展的敏感期，对处于敏感期的机能和素质应有所侧重，优先发展。全面性与优先发展相结合原则的主要依据：第一，身体是一个由各器官系统组成的相互依赖、相互制约的整体，与此相对应，体能的三个组成部分也是相互影响、相互制约的，体能训练所追求的各种适应性变化也自然是相互依存的。因此在体能训练中必须正确、全面地训练各个方面，使发展技术与战术所要求的所有身体形态、机能与心理能力得到全面发展。第二，作为体能集中表现的力量、速度、耐力、柔韧性、灵敏度等各项运动素质也是相互影响、相互制约的，而广泛的、全面发展的运动素质是运动员达到高水平专项运动水平的基本前提和基础，因此在早期训练阶段，必须全面提高运动素质。第三，人的生长发育在不同年龄阶段具有不均衡性，青少年身体素质的发展有一个敏感期。在此阶段应抓住有利时机。采取相应内容的体能训练，对处于敏感期的素质优先发展，充分挖掘其潜力，为高水平阶段打下基础。一般来说，开始训练时间越短。基础训练水平越低，全面训练的比重就应该越大。只有训练水平提高了以后才可逐步增加专项训练的比重而减少全面训练。当然，不能将全面身体训练与发展专项素质对立起来，全面身体训练、专项身体训练以及专项技术、战术、心理训练应有机地结合起来，根据不同对象的训练水平来合理安排训练。

2. 系统不间断性原则

系统不间断性原则是指从开始训练到创造优异成绩，直至运动寿命终结，都应依据体能发展的内在规律，做出相应的合理规划，持续不断地进行训练。系统不间断性原则是依据训练适应的产生、发展与消退规律以及体能发展的连续性和阶段性等属性提出来的：在训练实践中贯彻这一原则应做到，对整个训练过程的体能训练不仅要系统规划，对多年训练不同发展阶段的体能训练，从内容、比重、手段、负荷等方面也应做出系统安排，尤其是在青少年时期以及达到高水平以后，更应该周密考虑。当达到高水平以后。运动员的身体形态和机能改造已达到相当的水平，各项身体能力处于一个相对稳定的状态，但这并不一定是一个完全理想的状态，这时候的体能训练应该在准确体能诊断的基础上，有计划、有针对性地系统安排训练负荷，探索进一步发展的可能性。

3. 科学安排运动负荷原则

科学安排运动负荷原则是指在体能训练过程中根据训练的目的与任务，科学地组合负荷的量、强度与休息时间等因素，以保证训练的针对性和有效性。科学安排运动负荷原则是根据机体对运动负荷适应的专门性、有效性和劣变性以及人体在运动时物质、能量的消耗与恢复等规律提出来的。人体器官组织对负荷应激所产生的适应具有明显的专门性特点。例如，做负荷深蹲的力量练习时，只会影响腿部伸肌肌群的力量，而对于腿部屈肌肌群及其他肌群的影响却很小。同样，不同的负荷组合对人体供能系统的影响也存在专门性特点。时间短、强度大的运动主要对无氧供能系统产生效应，而对有氧供能的影响则较小。因此，发展专项素质首先必须提高专项素质所需要的特殊生理机能。为达到专项训练目的，练习中应考虑到训练方式的专门性特征，所选用、设计的练习从动作结构、参与运动的肌群以及能量供给特征等方面，必须尽可能与专项素质相吻合才能达到训练效果；人体对负荷的适应还有一个有效的范围，过小的负荷刺激达不到良好的训练适应，过大的负荷会导致机体适应的劣变。因此，在体能训练中必须根据训练任务和对象水平，科学地规划训练负荷，做到逐步并且有节奏地按照人体机能适应规律加大运动负荷，直至最大限度地适应；按照"加大—适应—再加大—再适应"的增量方式，合理地逐步加大训练量和训练强度，有效地促进机体形态发展和机能改善，提高运动水平。在训练过程中，既要遵循超负荷原则，又要注意防止过度训练引起机体的劣变反应。要根据训练对象的实际水平，有节奏地增加运动负荷。逐步提高，妥善处理负荷量与负荷强度、负荷与恢复的关系，使每次训练在机能得到"超量恢复"的提高阶段进行。还要按照各项素质的特点来合理安排负荷，如速度力量性训练的特点是强度大、数量少；耐力性训练的特点是数量多、强度小等。

4. 结合专项原则

结合专项原则是指在一般发展的基础上，体能训练必须根据各运动项目的技术、战术和专项能力特点充分发展专项所需要的运动素质，以促进运动员直接创造优异运动成绩，其主要依据：首先，体能训练的作用最终要体现在创造优异运动成绩这一终极目标上，因此体能训练不能偏离运动专项；其次，技术、战术练习是专项训练的重要内容之一。体能训练只有与专项技术、战术训练有机地结合，才能真正达到体能训练的目的，加快体能训练的进程，实现在体能训练中完善和检验技术、战术，在技术与战术训练中巩固体能。结合专项进行体能训练有助于使运动员在身体形态以及机能方面对该项目的特殊要求产生适应。为此，在训练中要根据运动项目的特点和运动员的实际情况，科学地确定体能训练与专项训练的比重，体能训练的内容与手段也必须突出重点，紧密结合运动专项需要，要确定和充分发展与专项密切关系的最重要的运动素质和机能，做到有针对性地练习。

5. 区别对待原则

训练效应主要通过机体的变化实现。由于客观地存在着训练者的个体差异，要想使训练达到理想的效果，必须充分考虑到个体特征以区别对待，有针对性地安排各种不同的训练。训练对象的个体特征除了年龄、性别、形态、机能等生物学特征外，还应包括气质、个性和参加训练动机等心理学特征和训练水平、训练年龄、承受负荷能力等训练学特征。训练中做到全面了解、掌握和分析训练对象的具体情况，制订出符合个人特点的训练计划，根据不同专项所需要的身体素质和不同训练阶段的任务、要求，有区别地安排训练全过程。

（三）篮球运动体能训练的特征

1. 篮球运动身体素质训练的特征

篮球运动的基本技术中无论是运球、投篮、抢篮板还是防守，都主要依靠运动员的爆发力和快速力量支撑，篮球项目体能训练中的力量训练则应以着重发展爆发性力量和快速力量为主。而针对篮球场上复杂多变节奏快的特点，体能训练中发展速度素质应全面地发展运动员的反应速度、动作速度和移动速度。现代篮球的攻防节奏快、身体对抗强的特点要求我们在发展耐力速度时要着重发展速度耐力。

2. 体能训练与技战术相结合的特征

在篮球比赛中，双方依靠高强度的攻防转换来互相调动，运动员在比赛中必须不停跑动、迅速做出反应，并移动到有利位置，选择一个好的得分机会，篮球运动不仅要求运动员具有出色的体能，还需要配合技战术。体能训练是实现技战术的基础，有助于提高技战术，而技战术的实施是体能训练的最终目的。因此，体能训练中不能忽视技战术，也不能只关注体能训练，两者必须相辅相成，以便达到最佳效果。

3. 体能训练个性化的特征

篮球运动员在场上司职的位置和发挥的作用各不相同，个性化的体能训练已经成为高水平球队体能训练的一大特点。在体能训练中要结合个体特征及队伍特点对运动员每个不同个体分别制订个性化的体能训练计划，进行有针对性的体能训练，达到固强补弱，使每个运动员的技术特长最大化。

（四）篮球运动体能训练的作用

1. 体能训练是运动员健康和运动寿命的保证

拥有一副健康的身体是从事运动训练和比赛的前提，只有保持身体健康，才能保证训练的正常进行。通过体能训练，运动员可以显著改善内脏机能，尤其是心血管系统、呼吸系统的性能，增强运动器官的功能，特别是骨骼、肌肉、肌腱、韧带，同时有效提高中枢神经系统的功能，从而有效提高身体适应外部环境和抵抗疾病的能力，最后促进运动员的身体健康，形成良性循环。支持和保护关节离不开肌肉的力量，提高体能水平可以避免由于运动而造成的损失，因此，能够有效延长运动寿命。篮球运动员中最常见的损伤就是膝关节损伤，与其相关的训练因素存在以下几个方面：如何规范下蹲力量训练动作，如何均衡发展关节周围的肌肉力量，如何发展躯干力量及平衡力量，如何训练腾空和落地的缓冲动作。因此，在体能训练中，关节的保护性锻炼对预防伤病和损伤起着积极作用。

2. 体能训练是掌握篮球技术和战术的基础

不同的运动项目对有机体适应能力的要求不尽相同。对于篮球项目来说，运动员不但需要具备速度快、耐力好、力量强、高发力高等特点，而且还需要良好的运动协调能力。因此，篮球运动员只有充分利用身体机能的前提下，才能掌握篮球相关的技战术，而体能训练是实现这一目标的有效途径。

3. 体能训练是机体适应大负荷训练和比赛的保障

篮球运动是一种常见的体育竞技运动，通过高负荷的运动训练，运动员才能熟练掌握篮球的技战术，然后在重大比赛中获胜。运动训练经历了四个阶段，即自然发展阶段、新技术广泛应用阶段、大运动量阶段、多学科综合运用阶段，其主要特点就是在广泛运用现代科学技术成果的基础上，有机结合科学化、系统化的检测训练过程，然而，只有拥有强健的体魄和良好的身体机能，才能满足大负荷的训练要求。不断增加体能训练负荷的过程中，运动员才能达到训练和比赛的要求。从生物学的角度来看，训练是对运动员有机体施加负荷、刺激的过程。负荷、刺激能使运动员产生适应性改变，提高各器官系统的功能，运动员的体能水平也能有效提高。生理学研究指出，在一定范围内，刺激的程度随负荷的增大而增加，体能也会提高得越快。负荷量与整体训练水平呈现量变与质变的关系，具体从两个阶段进行阐述。首先是提高负荷量，当一个时期的负荷量达到一定程度时，只有提高负荷强度才能提高专项水平；其次是提高负荷强度，当负荷强度达到有机体的最大承受能力时，此时再增加负荷量，便可以使整体训练水平达到新高度，并保持螺旋上升态势，完成"从量变到质变"的过程。运动负荷和体能训练是篮球运动发展的根本动力。对于整支球队来说，体能水平是其技术风格、战队作风、战术配合等的物质基础，是其后发制人、出奇制胜的关键所在。在全队运动员体能水平普遍较高的情况下，拥有跑动范围大、主动性强、敏捷度高等特点，一方面能在进攻时灵活多变、创造机会，从而占得优势、赢得先机，另一方面在防守时可以相互补救、构筑铜墙铁壁。即使处于不利情况，也能后发制人，取得出奇制胜的效果，有效鼓舞整个球队的士气，形成良性循环，使得整个球队形成一个团结、和谐的战斗有机体；反之则会影响全队士气，形成恶性训练，导致比赛失利。

4. 体能训练有助于意志品质的培养

虽然体能训练的过程十分艰难，而且相对于技战术训练和对内对抗而言相对枯燥乏味，大多数运动员会存在一定抵触心理，不过这是完成自我挑战、实现自我价值的过程。体能训练本身的训练负荷就很大，很多训练已经超出身体机能的极限，运动员需要战胜自身的惰性和心理才能完成训练内容。通过体能训练，能够培养出坚持不懈、知难而进、锲而不舍的精神，这些优秀的品质会促使运动员在最艰难的时候战胜自己并战胜对手，取得最终的胜利。尤其在高水平的篮球比赛中，双方实力相当，无法通过技战术的比拼分出胜负，此时制胜的关键就在于谁的体能更好、谁的意志力更强、谁更有耐心、谁更有决心。不仅在球场上会遇到困难和曲折，在生活中更是如此，体能训练会让我们获益良多。

二、构建篮球运动体能训练科学体系的理论依据

(一) 功能性训练理论

功能性训练理论是在众多专家学者的研究结果上经过总结和验证得出来的重要理论。功能性训练理论认为传统的体能训练让运动员获得了较好的无氧、有氧能力以及发达的肌肉，并且在训练过程中强调练习的次数和负荷的强度，但却忽视了对于运动员柔韧素质等方面的发展。功能性训练强调在体能训练中在保证运动员具有较好的体能基础上提高专项运动能力，设计专项体能训练方案。首先，对于专项体能训练应该根据项目的特点，表现在对具体项目对速度、力量、耐力等素质方面不同的需求以及作用力的运动学原理确定训练中无氧和有氧训练的强度、持续时间以及运动频率等。其次，根据比赛对肌肉组织结构的要求以及专项力量练习确定练习的形式、负荷和练习时间；另外，还要根据运动员的竞技状态安排训练手段和负荷，提高训练手段的专项化和个体化，缩小平时训练与比赛的差距。

功能性训练理论的主要目的是通过训练消除体能训练与比赛所需体能的差距，训练策略主要突出专门化、个体化方面，训练效果也是通过运动员在比赛场上的表现反映出来的。在对篮球体能训练中，强调首先在体能训练前需要对运动员在肌肉动作、代谢需要、专门的移动、运动轨迹以及攻防优势与劣势方面进行诊断和评定；其次对篮球项目特点，制胜因素、所需运动素质进行分析，研究项目运动训练所需的训练类型，如在力量上需要发展何种力量、在耐力上需要何种耐力等；再次，根据篮球体能所需各种素质分析其各种素质在篮球体能训练中的重要程度；最后，根据前面的分析确定针对性的体能训练方法和手段。

（二）周期训练理论

最早提出周期训练理论的是 20 世纪 60 年代苏联学者马特维耶夫，他根据人体竞技能力具有周期性的规律将人的竞技能力形成分为了"获得""保持"和"消失"三个阶段，从而进一步把运动员的训练过程分为了准备期、比赛期和过渡期三个时期。马特维耶夫并且在周期训练理论中还根据不同时期的特点提出了相应的训练目标、任务和训练内容。该周期训练理论后来经过斯通等运动训练学者的进一步发展，在此周期训练过程基础上，在准备期与比赛期之间加入了过渡期，这也是国内公认的传统周期训练理论。马特维耶夫的周期训练理论比较适合初学者，而后来发展的传统周期训练理论比较适合水平较高的运动员。就周期训练理论而言，周期是一个特别的训练时期，它又可以分为大周期、中周期和小周期等。一个大周期可以划分为若干个中周期，一个中周期又可以划分为若干个小周期，每个周期中都可以划分为不同的训练阶段，不同的训练时期也有不同的训练重点。但不论是大周期还是小周期，周期训练理论都是与运动员的竞技能力变化规律以及比赛的周期性特征进行安排的，让运动员的竞技能力在重大比赛或者比赛季达到最佳竞技状态，其变化的最大因素是运动负荷。

在运用周期训练理论进行体能训练设计时，需要考虑运动员在训练中获得最佳竞技状态过程中的训练强度、训练时间以及训练的专项性等方面的变化或者循环以及比赛安排的周期性特点。运动员根据周期性的特点可以有效地安排多年以及年度周期训练计划，训练的负荷可以根据不同的周期结合实践训练经验进行变化。同时，不同的周期的训练任务、训练目标以及训练的负荷安排也有所不同，但相邻两个周期间的负荷强度变化应该循序渐进，有效地过渡。

（三）系统训练理论

系统训练理论认为持续的、系统的训练是取得理想训练效果的必要条件。运动员已经获得的竞技能力具有不稳定性的特点，在训练的连续性遭到破坏而出现间断或者停顿的时候，已经获得的竞技能力会慢慢地消失。为了避免竞技能力保持的不稳定性，克服运动训练能力的消退，必须在训练效应产生和保持一定时间的基础上给予重复的负荷刺激，强化积累训练效应。因此，在训练过程中必须保持长久性和连续性，不间断地进行系统的训练。

系统性训练理论在田麦久编著的《运动训练学》中指出系统训练理论是根据训练的结构特点、竞技状态的呈现特征周期性、系统的进行训练的过程。在运动员的整个训练生涯中，从基础的训练阶段到达高水平的最佳竞技阶段，运动员都是经历的一个对不同时期不同训练负荷强度、不同的训练目的的一个长期的适应过程，这期间体能水平形成的连续性和训练效应的不稳定性，决定了训练过程中必须坚持长期系统的训练。对于运动员体能训练的安排要兼顾周期性与长期性进行设计。

（四）板块训练理论

随着现代体育运动的发展，各种比赛层出不穷，职业运动员也越来越多。传统的周期训练理论将运动员的最佳竞技状态调整到某一个期间或者某一个重要比赛的训练方式以及不能适应当前体育赛事发展的需求。而且传统的周期训练理论要求在一个相对集中的时间内发展多方面的身体素质，对于高水平运动员来说目标不明确，重点不突出，会影响训练效果。因此，部分学者提出了板块训练理论。该训练理论认为在一个较为集中的短期训练时间内（大约 30 天），可以实施较大的负荷刺激，并通过生理生化指标以及身体素质测试来监测训练效果。因此，在训练周期中的准备期也可以安排比赛，以赛代练，在安排基础训练过程中也可以安排负荷强度较大的力量训练。在高水平运动员的训练中，往往训练刺激很难达到运动员的强度要求和兴奋点，以赛代练的方式可以让运动员训练达到更高的刺激强度，达到更好的训练效果。

板块训练理论在各个训练阶段皆可安排比赛。板块训练理论的核心思想是在 3～4 个板块构成单个的训练阶段，这个周期中通过较高的负荷完成训练目标的转换以及完成基础训练和专项训练的准备。

（五）超量恢复理论及生物适应理论

超量恢复理论是由雅考卢在 20 世纪 70 年代提出的，是运动训练学方面的经典理论，也是传统周期理论的理论支柱。超量恢复理论认为，机体在受到外界负荷刺激后，机体会出现疲劳状况，并且机能水平会逐渐下降。但当消除负荷刺激以后，身体机能水平会出现不断的恢复，并且不仅会恢复到刺激前的机能水平，而且会出现超量恢复。在超量恢复阶段再施加一定的刺激会出现新的疲劳－恢复－超量恢复，使得机体达到进一步的提高。由于超量恢复理论在运动训练监控中具有较高的要求及自身的不足，一些运动训练问题难以解释，因此，部分学者提出了生物适应理论。生物适应理论认为人承受刺激的强度是有限的，人对负荷的适应是一种客观存在，因此，很多学者提出了多周期的训练设想。强调以比赛为目标，科学合理的安排负荷结构，让机体接受合理的负荷刺激，获得专项所需的机能储备。从这一生物学发展规律可见，体能训练的机制关键在于负荷、恢复以及适应性。

第二节　篮球运动体能训练的内容与过程

一、篮球运动员体能训练的基本内容

（一）身体形态训练

身体训练和专项训练是运动员身体形态训练的主要途径，其原因主要有两个方面：其一，科学、系统而又适合专项需要的各种身体训练方法对身体形态有积极的影响，根据需要运用相应的体能训练方法，可以对运动员的身体形态产生最佳的影响，有利于创造专项运动成绩；其二，任何科学合理的专项训练手段对促使身体形态向专项需要的方向转变有显著的作用和积极的促进，几乎所有项目运动员的身体形态训练基本上都是通过专项训练手段和专项训练方法实现的。因此，专项训练是改善和提高运动员身体形态的重要内容。

对篮球运动员的身体形态训练应注意以下几个问题。

1. 要注意遗传因素的影响

在身体形态各项指标中，有的指标遗传度很高（如高度、长度和宽度指标），有的遗传度较低（如体重等充实度指标）。因此，在选材时应重视高度、长度和宽度等形态指标，与肌肉有关的体重等充实度指标则应更多地依靠后天的训练加以改善和提高。

2. 要根据篮球的项目特点安排身体形态训练

体重和身体脂肪率是篮球运动员身体形态训练中的两个重要指标，这两项指标对内、外线运动员应区别对待。内线运动员身体对抗更加激烈，很多时候近似于"肉搏战"，因此内线运动员更强调力量，反映在身体形态方面就是要强调体重，要在不增加身体脂肪率的前提下采用多种力量训练手段来增加体重，以提高"肉搏战"中的对抗能力；外线运动员更强调速度和灵活性，因此对外线运动员的身体形态训练应在不降低速度和灵活性的前提下增加体重。

3. 要根据生长发育规律安排身体形态训练

人体在不同的年龄阶段的生长发育有不同的特征，具有在连续性基础上的阶段性特点，因此在身体形态训练时应与之相对应，而不可颠倒。

4. 要采用多种方法和手段改善身体形态

影响身体形态的因素很多，如遗传、自然环境、生活习惯、饮食等都会在一定程度上决定或影响运动员的身体形态，因此身体形态训练不能只从训练角度出发，也应注意其他手段的运用，如饮食、营养等。

（二）生理机能训练

这里所说的生理机能训练并不是说专门的生理机能训练手段，而是在体能训练过程中应有这方面的考虑，生理机能的提高主要还是通过身体素质训练、专项训练的途径来实现。作为篮球体能教练员，不仅要清楚篮球运动的生理基础，还应清楚每一位运动员的具体情况，即清楚每一位运动员的竞技能力要向更高一个层次发展，哪方面的生理机能需要提高，提高到何种程度，并在此基础上选择训练手段，安排训练负荷。同时，要建立系统的观念，因为人体是一个完整的系统，各器官、系统的功能都是相互影响、相互制约的。在发展某一方面的生理机能时，还要充分考虑其制约和影响因素，分清主次和因果，使运动员的生理机能能够在适应运动需要的同时协调发展。

（三）身体素质训练

1. 速度训练

篮球运动的跑，不同于田径运动的跑。篮球运动跑时要眼观六路，耳听八方，既要看队友，又要看对手；既有跑步，又有滑步；既有向前跑，又有向后跑；既有正着跑，又有侧身跑，还有不规则的、随意的、变方向和变速跑等。因此，起动速度、加速跑速度和速度耐力是篮球运动员速度训练的重点。影响这类速度的因素主要是速度力量与髋、膝、踝关节的爆发力、上肢的摆动力量的关系。跑的技术训练对篮球运动员来说并不十分重要，训练中没有必要做过多的分解练习，如小步跑、后蹬跑等。对篮球运动员速度训练的方法不应只是跑，通过跳的训练同样可以有效地提高跑速。苏联学者维尔霍山斯基的研究结果表明：短跑的步长，尤其是起跑前10步的总长（篮球项目主要是加速跑），与原地3级跳和10级跳的成绩密切相关，在所有的跳跃练习中，只有150米计时跨步跳与30米跑、60米跑和100米跑成绩高度相关。他进而指出，"短跳"练习（如3级跳、5级跳和10级跳）有助于提高跑的加速跑能力，对增大步长和起跑前 10 步的步长，以及提高步频均有较好的作用；"长跳"（如 30 米跨步跳、50 米跨步跳、100 米跨步跳、200 米跨步跳等）对提高最大速度和速度耐力有着显著作用，其中 50 米跨步跳训练效果最好，而"长跳"和"短跳"相结合会取得最好的训练效果。进行跳跃训练时，准备期的前半部分，跳跃练习应以量为主，准备期的后半部分和比赛期以"短跳"和 50 米跨步跳为主。阶段性训练应以"长跳"开始，而后逐渐变换成大强度的"短跳"练习。"短跳"应在速度训练前练习（杠铃练习也要在速度训练前练习），而"长跳"，要在速度训练后练习。当前，我们的篮球体能教练员对这些速度训练的理论与方法了解不够，训练中的方法不多。

2. 力量训练

力量素质是篮球运动员体能建设的保证，是技术、战术快速、多变的物质基础。现代篮球运动员都具备高度发展的全面力量训练水平。身体的各个部位，特别是上下肢、腰腹，以及踝、膝、手腕、手指都应进行专门的、全面的力量强化训练，旨在发展各运动环节的肌肉力量，达到提高整体力量的目的。整体力量就是运动员在从事专项活动时，各运动环节协调一致所表现出来的综合力量，它是运动员专项能力的基础。整体力量训练和整体力量水平是现代球类运动力量训练的发展趋势。

篮球运动员在多年的力量训练中应解决两方面问题：一方面是要发展各种力量，另一方面要通过各种力量练习来完善运动员的身体形态。美国 NBA 运动员发达的肩带和上肢肌群，不是打篮球打出来的，而是靠专门的力量练习练出来的。对篮球运动员的力量训练首先要对这两点有正确的认识，做到在多年的训练中对运动员的力量训练有较为长远的规划。我国篮球运动员的身材普遍较为"苗条"，克托莱指数较小，原因主要就是教练员对力量训练的认识不足，长远规划不够，使运动员在最佳的年龄阶段错失了发展力量和塑造身体的最佳时机所致。其次，在训练手段的选择上要紧密结合篮球运动的肌肉工作特点。篮球运动中大量的半蹲、跑跳、急停、急停快速跳起等动作是离心和离心—向心收缩，是退让与超等长收缩，对练习手段的选择要充分考虑这些特点。训练内容的安排，不仅要有下肢力量，还要有躯干和上肢力量；不仅要注重伸肌力量，还要注意屈肌力量；不仅要训练大肌群力量，还要有小肌群力量的练习；既要有克制收缩力量的训练，又要有退让收缩力量的训练；既要注重运动环节的功能力量训练，也不可忽视运动环节的保健防伤训练。教练员要充分认识到，篮球运动真真正正的是个对人体上肢、下肢和躯干各部肌力提出全面要求的运动项目。在力量训练的组织方面也要与篮球专项训练紧密结合。篮球运动员的肌肉弹性非常重要，因此，队员每次训练结束后一定要把肌肉从缩短状态再充分拉伸开。美国篮球运动员力量训练的"少食多餐"型，值得我们借鉴。在赛季前，他们一般每周安排 4～5 次力量训练，基本上是每天都有，但每次训练的时间不长，一般在 1 小时左右。每次力量训练结束后除了安排拉伸练习外，还要安排 30 分钟左右的技术、战术训练，以使运动员的肌肉恢复弹性。长期这样的训练安排显然更有利于将训练所获得的力量更有效地融入技术、战术，并通过技术、战术表现出来。力量训练的方法，除了杠铃外，最简单易行的还有各种方式的大强度跳跃练习，如多级跳、单足跳、蛙跳、障碍跳、台阶跳、深跳等。这种练习的力量性质和肌肉的工作方式，与篮球专项训练十分接近。综合力量练习器是当代国外高水平运动员力量与体能训练最常用的手段与方法，根据我们掌握的信息，美国 NBA 的运动员几乎每天都要利用综合力量练习器发展各部位特别是薄弱部位肌群的力量。另外，等动力量训练和电刺激力量训练，以及各种组合力量训练应引起教练员的重视。组合训练就是创新，组合才能出效果。这就好像中药配方，如电刺激与杠铃的组合，与跳跃练习的组合；跳跃练习与杠铃的组合；力量练习与速度练习的组合等，都值得我们深入地研究。

3. 耐力训练

对篮球运动员的耐力训练，教练员首先应对有氧耐力和无氧耐力在篮球运动中的作用及它们之间的关系有一个清楚的认识。就在篮球比赛中的作用而言，无氧耐力对篮球运动员的意义更加重要。但有氧耐力是无氧耐力的基础，良好的有氧耐力有助于比赛中或整个赛季中运动员体力的恢复。在训练的先后顺序方面，也应该先发展有氧耐力，在此基础上再发展无氧耐力，这样无氧耐力才能有更大的发展空间。绝不是说无氧耐力对篮球运动员更重要就只练无氧耐力。篮球运动员的耐力训练应将两者紧密结合，如在有氧训练的大运动量跑动之后，要求运动员接着进行 300 米或 400 米的强度跑，以提高机体大强度工作时的代谢能力。作为球队，每天的早操应坚持不少于 3000 米的越野跑，只有常年坚持，才能收到效果，打篮球时才感觉不到累，感觉不到气喘，才能保证攻守积极主动，才能提高攻守转换速度。无氧耐力可采用田径场 400 米、600 米、800 米的重复跑训练，还可以结合采用篮球场上的多组折返跑以及各种有球练习等。总之，对篮球运动员的耐力训练关键要做到常年安排、持之以恒。另外，耐力训练对运动员意志品质的培养具有不可忽视的作用，可利用耐力训练来培养运动员坚强的意志品质、顽强的战斗作风。

4. 灵敏度和柔韧性训练

发展篮球运动员灵敏度素质的训练可采用各种专项技术练习和辅助练习，以及各种滚翻、手翻、闪躲和模仿练习，各种脚步动作的转换练习、抢断球游戏、绕过障碍的接力赛、传接各种难度的球、接地滚球，以及在快跑中根据信号进行急停、起动、后退跑、转身跑和改变方向跑等。

柔韧性训练可采用各种压指、压腕、压肩、拉肩、转肩、体前屈、劈叉、压腿、踢腿，双手持球成弓箭步，向前、后、左、右扔球和拿球，以及一些体操和武术的柔韧性练习动作。

二、篮球运动员体能训练的过程

整个训练过程实质上是运动员（或运动队）的竞技能力由现实状态向目标状态不断转变的过程。体能的训练过程也就是运动员体能由现实状态向目标状态转移的过程。依据训练的周期性，可以将一名运动员从开始训练到退役的整个体能训练过程视为由若干阶段过程串起来的完整过程，如按奥运周期的多年训练过程、年度训练过程、阶段训练过程以及周训练过程等。每一阶段训练过程，无论其时间长短，从理论上都应包括运动员（或运动队）现状诊断、确定训练目标、制订训练计划、实施训练计划、检查评定等基本内容（图 9-1）。

体能与竞技能力一样是一个由多种因素组成的系统，因此在训练过程中，体能状态的转移又是体能各组成成分的时间和空间因素结构，从相对无序到高度有序的相互协同的过程。依据张英波博士的研究成果，可以将训练过程体能状态的转移视为如图 9-2 所示的一个过程。

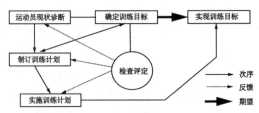

图 9-1 运动训练过程的基本结构

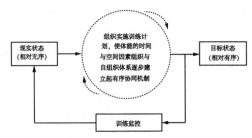

图 9-2 体能状态转移的实现方式示意图

综合图 9-1 和图 9-2 可以看出，在训练过程中，要使体能由相对无序的现实状态向相对有序的目标状态有效转移，实现体能各组成要素的有效协同，关键要做好 4 个环节：第一，准确把握运动员（或运动队）的现实状态；第二，科学地确定训练目标；第三，制订周密的训练计划并保证训练计划得到有效实施；第四，在训练过程中建立完善的监控体系。

（一）体能的现实状态诊断

运动员的现实状态是运动训练过程的出发点，是有效组织运动训练过程的基本依据之一。可以说，整个运动训练过程都是以运动员现实状态的分析和判断为出发点而展开的，只有建立在科学诊断的基础上，才有可能做出准确的预测；才有可能设立恰当的训练指标；才有可能制订出为实现指标所必需而又切实可行的训练计划。训练过程中的状态诊断与检查评定这两个环节，在一定条件下可以相互转化。一个时间跨度较大的运动训练过程中的每一个阶段的检查评定都可以视为下一小阶段的起始状态诊断。可见，训练过程中的运动员状态诊断对总结前一阶段的训练效果，实现对整个训练过程的有效控制还具有重要意义。运动员体能的现实状态诊断主要包括队员身体形态、机能、身体素质以及运动员身体对负荷的承受能力等方面。教练员一般通过身体检查、体能测试以及训练监控等途径获得运动员体能现状的全面信息，在此基础上还要运用科学的思维方法对这些信息进行分析和判断，才能完成对运动员体能现实状态的诊断。体能测试和训练监控的内容都要依据运动项目的特点来确定，虽然是定性的分析方法，但它能有助于教练员把握体能系统状态的发展方向。

1. 耦合分析

耦合分析是将本来就密切相关的两个或多个因素组合成一体进行两两综合分析。这种分析的目的是在相互作用中把握因素之间的关系。其模式为：因素 A—因素 B。依据这种方法，在体能现状诊断时可选择有关因素，在揭示它们关系的基础上寻求改善系统状态、提高训练效果的途径。例如，将身体机能与身体素质这两个系统进行两两因素分析：最大摄氧量与有氧耐力水平，ATP-CP 功率与力量、速度等。还可以将身体形态与素质进行耦合分析，如体重与速度，体重与力量，身高体重与灵活性等。运动员承受运动负荷的能力与运动员的机能水平也可以进行耦合分析，看二者是否统一。

2. 制约分析

制约分析是对一些因素之间的传递的制约关系的分析。以这种思维方法可以找出影响体能训练系统的各级因素，以便从整体上把握，并从根本上解决问题。其模式为：因素 A—因素 B—因素 C—因素 D。例如，神经系统的机能与肌肉的体积制约力量，力量又制约速度，速度制约灵敏性，灵敏性与柔韧度决定身体的灵活性等。因此如果一名运动员在体能测试中身体灵活性表现不理想，教练员在诊断时一定要通过制约分析，看其是在哪个环节存在不足。在此基础上才能制订有针对性的训练方案，使其体能在下一阶段的训练中得到有效提高。

3. 多边综合分析

多边综合分析是在体能现状诊断时，将某一因素通过想象、思考把各方面的影响因素和信息综合起来加以考察的分析方法。它是以某一核心因素为基点，分析它的多维的立体结构和立体性联系。这种分析至少要涉及 3 个以上的因素。例如，运动员承受运动负荷的能力，这里面涉及众多因素。在诊断时既要分析运动员的机能水平，又要分析运动负荷的性质、结构，还要考虑测试过程中的其他因素，如保护措施，测试器械以及运动员的生理、心理状态等。只有将这些因素综合起来加以考虑，才能保证得出正确的结论。

4. 多学科综合分析

多学科综合分析一般是在分析运动员体能的整体状况时用到，它是从多个不同方向、不同层次、不同理论范畴来分析体能的一种方法。用这种方法分析体能时，是以体能为核心问题向多个方向延伸，可以从多个角度获得较为全面的解决问题的答案。例如，在分析运动员体能整体状况时可以运用形态学、运动生理学、运动心理学、运动解剖学、运动生物化学、遗传学等学科的知识进行综合分析，以获得比较准确的结论。

（二）确定体能训练目标

训练目标向训练参与者描绘出了运动训练过程的目标状态，全部训练活动都是为实现这一终极目标状态服务的。这一终极目标的确定，使得训练过程的每一个环节、每一次训练活动都围绕着目标状态的实现而全面展开，从而为在训练过程中居于重要位置的训练计划和比赛计划的制订与实施提供了依据。另外，确定训练目标还有助于激发训练活动主体的责任感和进取精神。一个完整的体能训练目标应是一个多层次的有序系统。在层次上应包括整个训练过程体能发展的最终目标和各阶段训练目标，在结构上包括身体形态、生理机能以及身体素质等各项目标，还应该指出达到目标状态身体承受运动负荷的能力目标。

1. 确定体能训练目标时应考虑的基本因素

（1）运动项目特点。

不同运动项目对运动员体能的要求是不同的，因此要在科学分析运动项目特点的基础上确定运动员体能的训练目标。

（2）运动员体能的现实状态。如前文所述。

（3）运动员体能的发展潜力。

预测运动员体能的发展潜力同样也是考虑遗传效应、生活效应和训练效应三者结合。对于青少年运动员要充分考虑其发育潜力，即还有多少遗传效应将会在未来的运动训练中表现出来；生活环境的改善，尤其是营养条件的改善，对运动员体能潜力的影响也不容忽视；从训练效应的角度，主要考虑其训练年限、以往的训练情况等。

（4）训练条件。

良好的训练条件是获得理想训练效果的重要前提。训练条件通常包括训练的场地器材条件、训练的时间保证、医疗和恢复手段等。

（5）比赛条件。

比赛地点的海拔高度，气候条件，比赛时间是在夏季还是在冬季等都会对运动员比赛中的体能发挥有重要影响，在制订体能训练目标时应把这些因素考虑进来，以便在体能训练过程中有所准备。

（6）运动员个性差异。

运动员体能结构内部存在"非衡结构补偿"机制，表现在优秀运动员在身体能力方面存在鲜明的个性特征。例如，同是我国篮球优秀中锋的姚明、王治郅、巴特尔，在身体形态上截然是三种类型，在力量、速度、灵活性等方面也存在明显差异。因此，在制订体能训练目标时一定要考虑运动员的个性差异，训练水平越高的运动员往往个性差异越突出。

2. 确定体能训练目标应遵循的基本原则

（1）为竞技能力总目标服务与其他分目标相配合原则

体能训练目标只是运动训练中竞技能力总目标下的一个分目标，因此它同其他分目标一样必须为上一级目标服务，必须支持总目标。同时，体能训练目标与技能、心理等训练目标还有横向的联系，因此在确定体能训练目标时还应当考虑与其他训练目标相配合的问题，如技能发展对体能的要求等。体能训练分目标又由多个个体目标组成，目标之间也应相互配合，发挥整体效果。

（2）针对性原则

教练员在制订体能训练目标时，要根据对上一训练过程的积累，也就是这一训练过程的起始状态的分析，结合训练的总目标和某项体能的发展规律，有针对性地提出本训练过程的发展目标，并以此设计相应的体能训练方法、手段。

（3）可行性原则

提出的体能训练指标必须根据现实状态和训练条件，在科学预测的基础上使之具有可行性。既不能好高骛远，也不能过于容易，既要有利于挖掘运动员体能的最大潜力，还要不至于训练过度。

（4）突出重点原则

确定体能训练目标要根据运动项目特点，结合每个训练阶段的具体训练任务，突出重点，以保证在体能训练过程中做到有点有面。

3. 确定体能训练目标的基本步骤

根据以上对确定体能训练目标时应考虑的因素与原则的分析，在确定体能训练目标时应遵循以下六个基本步骤：第一，why，即明确制订体能训练目标时所应考虑的依据，如训练的总目标、现实状态、体能自身的发展规律等；第二，who，即明确训练的主体，可以是运动员群体，也可指单个运动员、人体的某肢体、肌肉等；第三，what，即明确体能训练要发展的内容，具体来说就是指要明确完善哪一方面的身体形态结构、提高哪一方面的生理机能与身体素质等；第四，where，这里是指提高到什么水平，也就是根据总目标的要求，明确在本训练过程将哪些体能发展到何种程度；第五，when，即明确制订本训练过程所需要的时间以及各项训练内容的时间；第六，how，即明确训练可利用的手段与方案，保证确定的训练目标具有可行性。

（三）制订并实施体能训练计划

运动训练计划的制订与实施，是运动训练过程的中心环节，贯穿于教练员与运动员的全部训练实践活动之中。体能训练计划是教练员依据对运动员体能的现状诊断和确定的体能训练的目标，并根据体能发展的内在规律，制定的保证运动员体能由现实状态向目标状态有效转移的理论上的行动方案。体能训练计划在实施的过程中可以是独立的，也可以融入技能训练和心理训练之中。制订并实施体能训练计划的重要意义在于，它能有效地促进体能训练自组织体系协同机制的建立，使体能的时空因素实现协同，从而保证了运动员体能由现实状态向目标状态顺利转移。

体能训练计划的具体作用主要体现在三个方面：

1. 使体能训练目标进一步具体化

通过制订体能训练计划，可以把训练过程的体能训练目标具体化为若干独立而又彼此联系的训练任务，并进一步具体化为若干按特定要求进行的身体练习。在实施训练计划时，运动员通过逐一地完成这些练习，逐一地实现各课次的训练任务和要求，逐步地接近直至完成体能训练的总目标。

2. 统一训练活动参加者的认识和行动

现代运动训练的参与者已不仅仅局限于教练员和运动员，还包括行政管理人员、科研人员、医务监督人员以及后勤保障人员等。通过运动训练计划可以使所有这些参与者的认识和行动统一到训练上来，为训练的总目标服务。

3. 为有效地控制体能训练过程奠定基础

通过体能训练计划的实施可以获得"体能现状诊断"和"体能训练目标"的反馈信息，这是对体能训练过程实施有效控制的基础，也是保证体能训练过程顺利完成的重要条件。

依据田麦久先生《论运动训练计划》一书中确定的运动训练计划的基本内容，结合体能训练的特点，体能训练计划应包含如下几个方面的内容：

（1）运动员体能起始状态诊断。

（2）确定体能训练目标。

（3）划分训练阶段，提出各阶段体能训练的任务。

（4）确定实现体能目标的基本对策。

（5）规划体能训练负荷的动态变化趋势。

（6）选择体能训练的方法、手段及恢复措施。

（7）确定各体能训练手段、练习的负荷要求。

（8）规划检查评价体能训练效果的方式、时间及标准等。

体能训练计划，按其时间跨度可分为多年计划（包括全过程性多年计划和区间性多年计划）、年度计划、阶段计划、周计划、课计划等。按其执行的组织形式可分为单纯性体能训练计划和与技术、战术、心理训练相结合的体能训练计划。人体本身就是一个有机整体，因此无论是技术训练或战术训练都会有一定的体能训练效应。另外，体能训练本身也应该结合运动专项，所以在训练实践中，体能训练计划的实施多数情况下是与其他训练计划相结合的。

（四）体能训练过程的控制

1. 对体能训练过程实施控制的意义与作用

（1）保证体能发展的先天效应与后天效应相协调

从获得途径来看，运动员的体能、能力来自两个方面：先天效应和后天效应。先天效应主要是遗传效应，它遵循人体的生长发育规律，如人体发育的阶段性规律等。先天的遗传效应是训练的重要基础，具有适合专项竞技需要的先天遗传性状可为体能的进一步提高提供有利条件。后天效应又包括训练效应和生活效应两个方面。训练效应无疑是提高运动员体能的最基本、最重要的途径，它主要遵循训练适应规律，同时，生活效应，如运动员的生活环境（包括居住地的海拔、气候等地域特点，饮食、起居等）、生活习俗，经济、社会、文化、医疗、卫生发展水平等对运动员体能的发展也有着不可忽视的影响作用。运动员体能的发展是先天的遗传效应与后天的训练效应及生活效应相结合的结果。科学的训练过程也始终把追求实现二者的最佳组合作为自己的行为目标。但在运动员体能发展的过程中，这两种效应并不一定会完全形成合力，要实现二者的最佳组合，关键是要靠有效的控制手段，如制订科学、周密的多年训练计划，并对训练过程实施有效监控等，以使体能训练过程与运动员的生长发育过程以及生活环境的影响相适应，保证体能的某项能力处于最适宜的发展阶段时得到科学有效的训练，促进其充分发展，为以后的技战术训练打下坚实的基础。

（2）使运动员体能的发展与技能、心理等能力的发展相适应

运动员的竞技能力主要由体能、技能、心理等能力构成，因此整个训练过程也可以视为由体能训练过程、技能训练过程以及心理训练过程等分过程组成。一般来说，在多年的训练过程中，三者并不是同步发展的，技能的发展相对较快，而心理能力的成熟相对较慢。在训练过程中的监控措施有助于教练员及时掌握不同训练阶段运动员技能、体能、心理等各方面的发展状况，并依据训练的总目标对下一阶段的训练活动进行有效调整，以保证三者协调发展，从而实现在运动员成熟期三者共同达到较高水平，以利于运动员参加高水平比赛。

（3）保证不同阶段的体能训练过程间的有效衔接

对体能训练过程的控制主要通过体能检查评定和训练过程中的监控来实现。一个阶段训练过程结束时的检查评定有助于教练员及时掌握该阶段体能训练效果的反馈信息，发现训练中存在的问题，并以此作为下一阶段训练过程的运动员现状诊断、确定训练目标和制订训练计划的重要依据，从而保证了整个体能训练过程中上、下训练阶段的有效衔接，提高了训练的科学性和系统性，确保了多年体能训练目标的顺利实现。

2. 体能训练过程控制的主要手段与途径

对体能训练过程实施控制的最终目的在于保证体能训练能够在预定的时间实现预定的目标。因此控制应当从两个方面入手：一是时间控制，二是目标控制。而要实现这两方面的有效控制，关键在于：①建立完善的目标体系；②制订周密的训练计划；③进行科学的训练监控。

建立完善的目标体系是实现目标控制的前提。目标体系要具有全面性和层次性。目标的全面性是指确定的目标不仅要包括所有的体能要素，还应包括训练负荷目标。目标的层次性表现在既要有全训练过程的目标，又要有各级训练阶段的目标，以便于在训练过程中对照。在体能训练过程中，通过实现一级级阶段训练子目标最终实现总目标。

训练计划的一个重要作用就是将训练目标具体化，将各阶段的训练目标通过训练任务、训练方法手段，负荷变化等表现出来。同时，训练计划既有长远到全训练过程的训练计划，又有短期至一堂训练课的计划。因此，制订周密的训练计划无论是对训练过程的时间控制，还是对目标控制都是非常重要的。

训练监控的重要意义在于及时掌握训练的反馈信息。教练员通过这些反馈信息，对照阶段训练目标，及时地调整训练计划，以保证体能训练沿着预定的方向发展，最终实现训练目

标。在体能训练过程中一定要建立常规的体能监测机制，如定期的身体检查、体能测试、训练课监控等，要建立起一套全面的、动态的监测体系，指标的选择要做到有效性、可靠性、与客观性的统一。教练员还应注意积累、保存这些体能监测的资料，以便全面掌握运动员的体能发展状况。

第三节　篮球运动体能训练系统的构建

一、体能概念框架下的体能训练系统

在新的体能概念框架下的体能训练系统包括三个子系统。即能量代谢系统、神经肌肉系统和功能动作模式系统。对于三者的关系，我们可以做一个形象的比喻。以汽车为例，能量代谢系统就是汽油，神经肌肉系统就是汽车的发动机，而功能动作模式系统就是汽车的操作系统。另外，我们可以用图例来表示三者之间的关系（图9-3）。能量代谢系统是基础，神经肌肉系统是桥梁，功能动作模式系统是表现形式。新的体能训练系统具有一定的层次性，但不同层次并不是隔离的，而是在整个体能训练系统框架下表现出的层次性。能量代谢系统处于系统的最深层面，是体能训练的基础，表示我们在训练的过程中，必须以能量代谢系统为根基，具体在篮球体能训练实践中，那就需要以发展篮球运动所需要的能量代谢系统为根基；神经肌肉系统在系统中处于中间层次，其所起到的作用类似桥梁的纽带作用，在体能训练实践中，主要是通过神经肌肉系统来输出能量；而功能动作模式系统与神经肌肉系统紧密相连，在体能训练系统的最外层面，即表示以功能动作模式为载体，通过神经肌肉系统的能量输出表现出运动员应该达到的最佳体能状态。

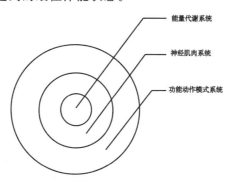

图9-3　体能训练系统框架示意图

（一）能量代谢系统

人体的能量代谢系统是由磷酸原功能系统、糖酵解功能系统和有氧氧化供能系统三大部分组成。三种能量代谢系统都在给定的时间内进行，然而，每种能量代谢系统的作用程度主要取决于运动的强度，其次取决于运动的持续时间。磷酸原供能系统主要针对短时间、高强度的运动开始提供ATP，并且不管运动的强度如何，所有运动一开始就会动用磷酸原供能系统；糖酵解供能系统主要提供ATP给短时间中等强度的运动；有氧氧化供能系统主要提供ATP给长时间低强度的运动（表9-1）。

表 9-1　运动时间及强度对能量系统的影响

运动持续时间	运动强度	主要功能系统
0～6 秒	极高	磷酸原功能系统
6～30 秒	非常高	磷酸原和快速糖酵解
30 秒～2 分钟	高	快速糖酵解
2～3 分钟	中等	快速糖酵解和有氧化供能系统
>3 分钟	低	有氧化供能系统

注：运动持续时间、运动强度和供能系统选择之间的配合是运动员努力取得最好运动表现的结果。

在运动训练中，只有充分掌握运动过程中能量代谢系统运转规律，才能制定出符合转型特点的训练负荷。在进行不同运动项目的训练时，合适的运动强度和间歇休息将使机体选择性的启用特定的供能系统。很少有运动要求机体维持在最大能力至力竭或接近力竭。大部分运动、训练和一系列高强度、恒定做功的间歇运动的代谢类型很相似。对于此类训练要求每一回合的输出功率要远远大于持续有氧供能运动的最大输出功率。在运动中，如果只重视有氧耐力训练提升有氧功率输出，而忽视无氧能力的训练，将不利于运动成绩的提高。训练时，采用合适的运动强度和休息时间间隔将使集体选择性启用特定的供能系统，另外，不同的运动项目所要求的代谢类型也不同。

因此，在运动训练的实践中，通过了解不同类型运动训练时的能量是如何产生和特定的训练是如何调整能量的产生，才能设计有效的运动训练方案。肌肉收缩时依靠何种能量系统供能主要取决于运动的强度，其次取决于运动的持续时间。代谢反应和训练适应可以通过对训练强度、持续时间和恢复时间的安排进行调整。形成运动训练特异性代谢的基础在于机体活动中的代谢反应和适应是如何发生的。

（二）神经肌肉系统

从概念上来讲，神经肌肉系统训练是控制身体平衡的训练，包括静态姿势平衡、动态姿势平衡和动态稳定性。任何涉及神经肌肉控制与协调的动作模式都可以称之为神经肌肉训练，如训练目的是为了加强不同姿势控制以及肌肉内协调的力量训练，可以称之为神经肌肉训练。相反，克服自身体重的上下肢平衡与稳定练习也是神经肌肉训练的一种。而后一种，可以在稳定的平面进行训练，也可以在不稳定的平面进行训练。以上是我们通常意义上的神经肌肉训练。在笔者的体能概念框架中，运用神经肌肉系统作为体能概念理论框架的一个重要组成部分，特别突出神经肌肉系统以动作模式系统为载体所表现出来的最为基础的运动能力是力量。

肌肉力量是所有运动形式的基础，运动素质的其他表现形式如速度、耐力、柔韧性、灵敏度、协调性、平衡度等都离不开肌肉收缩所产生的力量。以灵敏度素质为例，我们可以通过灵敏度素质对肌肉收缩能力的要求来印证（图 9-4）。

（三）功能动作模式系统

竞技体育的本质是动作模式。动作模式就是在相应的动作程序指令下，人体各环节程序化、系统化的操作和执行过程。功能动作模式强调功能化理念，在这一理念指导下，有助于教练员设计出良好的训练方案，来寻求解决问题的最佳办法，达到预防运动损伤与提升运动表现的双重目的。

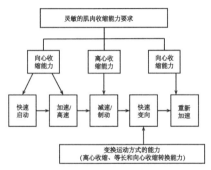

图 9-4 灵敏度素质对肌肉收缩能力的要求示意图

功能性训练并不是什么新的概念，早在 20 世纪 90 年代就已经被康复专家和健身专家使用，但功能性训练在我国成为体能训练的热点还是近几年的事情。目前为止，学界和业界对于功能性训练认识还不能统一，甚至对于功能性训练持有不同的看法，但不可否认，功能性训练已经对我国竞技体育的发展产生了深远的影响，其必将成为运动训练理念革命的必然发展趋势。Vern Gambetta 指出 "FT 是运动，不是身体部位"。非常简单的一句话，可能我们认为这是再平常不过的事情了。但要真正理解其含义，我们需要深入运动训练实践中去认真观摩我们当前竞技体育领域所采用的训练方法与手段。如果我们反问自己，我们的运动训练是否考虑到以站立姿势来完成；是否考虑到使用自由重量、使用多关节；是否考虑到爆发力训练；是否考虑到功能性的训练，并且是否能把这些因素完美地整合在一起，形成一套易于理解、便于记忆的结构体系？当我们认真思考这些问题之后，也许我们就能够真正理解功能性训练的含义，也许我们就能明确我们是为运动而训练。

功能性训练围绕着两个非常重要的基础原理。第一是运动链，阐述了身体不是孤立的单一关节的运动。运动链是一系列的关节在多平面内协同的工作。第二个主要的原理是物理学原理。包括重力、地面反作用力和动量。重力是最基本的阻力训练。我们所做的任何训练都需要去克服或抵消这一力量。对于大多数的运动，地面反作用力是力和功率或者爆发力产生的源泉。对于以地面为基础的活动，所用的功率都来源于地面的反作用力，我们必须通过地面接触获得和转换它。动量是克服惯性的结果。动量让身体以最小的能量需求来运动。当我们去分析一个功能性动作模式的时候，我们永远也离不开以上两个基础原理所包含的要素。

之所以提出功能动作模式的概念主要基于以下几个方面的考虑：第一，竞技体育的外在本质是动作，只有专注于动作，才能在运动训练中抓住问题的本质，为运动表现的提升创造很扎实的根基；第二，功能性训练理念是运动训练发展的必然趋势，针对我国当前传统的体能训练体系，功能性训练理念对解决训练领域中存在的实际问题具有理论导向意义；第三，之所以应用 "模式" 一词，重点在于强调动作的规范性、程序性、整体性，以便对体能训练具有一定的普适性，突出其理论指导意义。

二、篮球专项体能训练系统

篮球是一项技能主导类的同场集体对抗项目，项目特征要求运动员的体能训练必须具有全面性、整体性、系统性的特点。在篮球运动员的体能训练实践中，除了考虑以上所提到的体能影响因素外，还需要综合考虑技战术与心理因素对运动员的体能要求，篮球专项体能训练系统可以用 "五层次同心圆结构模型" 来解释（图 9-5）。

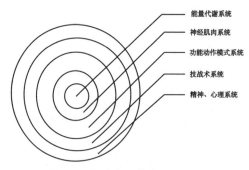

能量代谢系统
神经肌肉系统
功能动作模式系统
技战术系统
精神、心理系统

图 9-5　篮球专项体能训练系统

(一)篮球运动能量代谢系统

从整体视野下的篮球专项体能训练系统"五层次同心圆结构模型"中，我们可以看出，在同心圆结构模型的核心层面是能量代谢系统，黎涌明指出，运动的内在本质是能量代谢系统，只有运动员机体具备符合专项特征的能量代谢系统，才能在专项运动过程中，提供运动员发挥技战术的能量储备，为运动成绩的表现奠定坚实的基础。

篮球是一项高强度、高对抗的集体球类运动项目。比赛时间为 40 分钟，分为四节。在比赛期间，运动员以各种不规律的间歇运动形成不同的动作模式，这种运动形式决定了运动员需要全面动员人体的三大供能系统，并且对三种能量代谢系统的能力要求很高，其中运动员的有氧能力是基础，无氧糖酵解能力是保障，无氧磷酸盐系统供能能力是关键。在篮球比赛中，运动员通过急起、加速、急停、转身、变向、空切、快速接应、快速回防、快攻、快速运球、传接球、投篮等动作模式来完成比赛的攻防转换，而这些动作模式的完成一般都是在几秒钟之内，要求运动员全力以赴。从能量代谢系统来看，这些动作模式的实现需要磷酸盐无氧代谢系统发挥作用。但是，从比赛的进程来看，运动员需要持续的完成这些动作，磷酸盐功能系统的供能时间受到限制，机体需要动用无氧糖酵解供能来实现上述任务。由此，比赛过程伴随有大量的乳酸产生，比赛越激烈、对抗程度越高，无氧糖酵解占的程度越大。同时，比赛过程由于受到规则的限制、技战术变化等因素的影响，运动员不可能永远持续高强度的比赛状态，在比赛过程中，运动员不时地会以慢跑、走动、暂停休息等形式进行调整与恢复。这种调整与恢复的方式对运动员机体的有氧供能要求很高。通过这种形式的恢复与调整，为运动员无氧磷酸盐代谢系统的能量代谢以及乳酸的消除起到了积极的作用，并延缓了疲劳的出现，为后续高强度、高对抗的冲刺、跳跃等决定比赛的关键动作模式的完成起到了能量的储备作用。

近年来，随着科学技术的不断发展，国内外专家运用实时移动分析方法（Time－motion analysis）、GPS，SAGIT measuring system 软件、SIMI Scout 技战术软件解析比赛录像等方法对运动员在比赛过程中的移动特征进行研究，试图从定量的角度来把握专项运动的能量代谢特征，为项目特征的确定提供依据。虽然以上方法对运动员比赛过程中的移动特征研究还有一定的局限性，但研究结果已经为我们确定项目特征提供了非常重要的数据支持。篮球运动员在场上的移动方式发生变化，以上的方法只能是低估了运动员的能量代谢情况，由此我们可以更进一步的推断：在持续完成关键技术动作的过程中，对运动员的无氧糖酵解供能能力要求更高。

篮球运动的能量代谢特征：在篮球比赛中，无氧糖酵解系统供能能力以及无氧磷酸原系统供能能力对运动员发挥技战术至关重要。但在训练过程中，如何提高运动员的无氧糖酵解供能能力与无氧磷酸原供能能力是一个重要的问题，对此，笔者得出一个基本的判断：对于能量代谢系统能力的提高，需要在整体观视野下，对整个运动训练过程进行系统思考；需要把能量代谢系统的训练纳入整个体能训练的框架之中进行。任何单一的、局部的思维对整个训练过程来说，都是徒劳的，寡效的。

（二）篮球运动神经肌肉系统

同心圆的第二层面是神经肌肉系统，神经肌肉系统能力为能量的输出提供了坚实的保障。神经肌肉系统通过功能动作模式所表现出来的最为核心的运动能力是力量。篮球作为一项高强度、高对抗的运动项目，在比赛过程中，运动员通过各种动作模式，在速度与平衡的博弈中实现时间与空间的优势，最终完成投篮。速度是肌肉的快速收缩表现，平衡则表现为肌肉内与肌肉间的协调作用。如果说平衡能力是力量的基础表现形式，那么，速度就是力量的高级表现形式。在新的体能概念中，结合篮球运动训练实践，把神经肌肉系统训练的最终表现以力量的三个层次来表述。第一个层次为最大力量（strength）。这一层次主要针对的目标肌群是Ⅰ型肌纤维，最大力量的提高进一步被区分为"肌肉神经支配能力"和"肌肉横断面"两种，运动员的训练应以提高肌肉的神经支配能力为主，而不是发展肌肉的横断面积。但对篮球运动员来讲，强壮的身体和超强的爆发力二者兼具。神经肌肉支配能力的提高对于控制身体平衡具有重要的作用，研究表明，平衡能力的提高对于女子篮球运动员的跳跃动作模式的生物力学因素有着重要的影响作用，可以应对膝关节50％的冲击力量，并提高运动表现。第二个层面为力量—速度层面（strength－speed）。这一层面主要针对的目标肌纤维是Ⅱa型肌纤维。这个类型的肌纤维是用于相对高强度下长时间的无氧活动，正是篮球比赛所需要的。第三个层面为速度—力量层面（speed－srength）。这一层面主要针对的目标肌群是Ⅱb型肌纤维。这种类型的肌纤维用于最快速的奔跑，在篮球比赛中的快攻和快速退防最为实用。

篮球运动员的力量训练的最终目的具体表现在运动员足够强壮、跑得快、跳得高，变向快等方面。在训练的实践中，体能教练员往往根据篮球专项技战术的要求，以训练的方式和训练的负荷来提高运动员的专项力量。

（三）篮球运动功能动作模式系统

运动的外在本质在于动作，同心圆结构模型的第三个层面是功能动作模式系统，只有在运动训练的实践中，按照项目的特征，以功能动作模式系统作为训练的手段，运用科学合理的方法对运动训练过程中的负荷量与强度进行有效的控制，运动员的机体才能产生与运动项目相匹配的专项能量代谢系统。

篮球运动的功能动作模式系统分为三个层次：第一个层次为人体环节的稳定性与灵活性，第二个层次为一般功能动作模式，第三个层次为专项功能动作模式。人体环节的稳定性和灵活性主要依赖于神经肌肉功能和控制能力，人体环节稳定性与灵活性的有序规律对一般动作模式的完成具有重要的作用，而运动员完成人体动作模式的能力对于专项技术动作的发挥影响重大。

动作模式的质量是灵活性与稳定性和谐共处的结果。人体环节的稳定性与灵活性是一切动作模式的基础，人体的结构本身就是一个奇迹，整个身体的环节以灵活性与稳定性的不同交替规律实现人体的动作模式，任何环节出现问题，都会造成整个功能动作模式的受限，为运动成绩的提高以及运动损伤的发生埋下隐患。例如，髋关节在人体的动力链中，灵活性占主导，如果髋关节的灵活性受限，整个身体将会在腰部和膝部产生代偿，而这种代偿的结果会造成肌肉失去平衡和相应的功能动作受限，破坏了真实的动作，影响了动作的实效性，造成了运动损伤发生率的提高。

一般功能动作模式是人体的基本动作模式，在运动训练的实践中，教练员应该根据人体的基本动作模式来设计训练手段。篮球运动专项动作模式则是在人体一般动作模式的基础上，结合篮球专项运动的特点提炼成对篮球专项训练具有指导作用的动作模式。

（四）篮球运动技战术系统

同心圆结构模型的第四层次是运动专项技战术层面。任何运动项目的比赛都需要技战术。如果没有好的技战术素养，运动员或者运动队就不可能取得好的运动成绩。如果说，同心圆结构模型的前三个层面是体能训练系统层面，那么第四个层面就是特别强调在训练与比赛过程中，体能对运动技战术发挥的重要作用。特别需要指出的同心圆结构模型的第三个层面与第四个层面的衔接，也就是功能动作模式系统与技战术系统的衔接，如果说运动的外在本质是动作，那么第四个层面的技战术其实也就是动作的表现系统，但这种动作表现系统与体能概念框架下的功能动作表现系统的区别在于技战术层面的动作是专项动作模式的表现。

篮球作为一项技能主导类的同场集体性对抗项目，运动员的技战术水平对成绩的影响至关重要。在我国篮球训练实践中，长期存在着以技术训练代替体能训练的情况，产生这种情况的原因不外乎以下几个方面的原因：第一，运动员认为体能训练比较枯燥；第二，技术对篮球运动成绩的影响因素明显大于体能因素，在技术训练的同时就兼顾了体能训练，没有必要浪费时间再专门训练体能；第三，也是比较深层次的原因，我们的体能训练一直没能更好地解决技术训练存在的问题，形成体能与技战术能力的相互支持，相互促进。在国奥女篮的实践中，教练员在设计体能训练动作模式的同时，深入考虑了篮球基本技战术的要求，通过高效的体能训练，发展了运动员的技战术能力，同时也取得了主教练的信任。国奥女篮体能教练员正是站在整体篮球的视野下看待体能训练与技战术训练的关系，解决了认识上的问题，从而解决了实践中的问题。

（五）篮球运动心理、精神系统

同心圆的第五个层面是精神与心理系统。人的心理、精神决定了运动训练的走向，决定了体能训练的终极目标能否完成。篮球是一项需要运动员具备高度专注力的运动项目，只有在精神高度集中的情况下，运动员才能更好地发挥出自己的体能，表现出最佳的技战术水平。

第四节　篮球运动体能训练方法体系构建

一、篮球运动专项体能训练的要点

（一）完善的篮球运动体能训练计划

做任何事情都需要有科学完善的计划，篮球运动体能训练也不例外，根据受训者的实际体能情况，制订合理完善的体能训练计划。在做体能训练的时候，要做到有计划、有目标、有检验，不能盲目练习。例如，在某个时间段内专门练习球员的奔跑速度和耐力，在另一个时间段着重练习球员的对抗能力，当全部的单项体能训练和技巧训练都结束以后，再练习球员之间的默契配合程度。例如，如何跑位，如何卡位，如何进攻，如何防守，如何进行默契的配合，让球员之间相互连接队友的打球习惯和球风，在真正的比赛来临时，将平时所学所练展现出来即可。完善的体能训练对于篮球运动来说是非常关键的，因为要想成为一个优秀的篮球运动员，必须做到身体的全方位协调。例如，投篮时候的手腕力量、上篮时候的腰部力量、防守时候的下盘力量等，只有全方位发展，才能在篮球比赛中不被对方找到弱点，而且还能有效地增强了球员个人的攻击能力。此外，再好的篮球体能训练计划，如果只是停留在计划阶段，进行纸上谈兵是不行的，还必须得到最大限度的贯彻。贯彻训练计划首先要求运动员具有吃苦耐劳的精神和超人的毅力，在训练过程中严格完成教练安排的训练任务，做到训练不打折扣，最好是超额完成任务；还需要篮球教练具有较高的专业水准，让球员产生敬佩之心，从内心深处愿意去执行教练员的训练安排，也就是我们平时所说的对球队或者球员的控制力。总之，篮球专项体能训练的有效进行，需要球员和教练员之间共同努力才能达到预想的效果，任何一方不努力，将会造成意想不到的后果，甚至导致篮球体能训练计划的完全失效。

（二）注重篮球体能训练的技巧

体能训练虽然是一种体力训练，是我们平时所说的体力活。但是，体能训练却离不开科学的训练技巧，科学的训练技巧可以有效地帮助篮球运动员进行体能训练，让球员在训练过程中少走弯路，避免他们养成错误的篮球习惯，因为错误的篮球习惯养成比较容易，但是要改掉一个不良习惯是非常辛苦的，需要学生球员下意识地去改正，而且还得进行专项的训练。篮球教练在执教过程中，不仅需要将自己多年总结的体能训练技巧传授给球员，还必须注意观察每个球员的训练习惯，尽早发现并及时地帮助他们进行改正，要求他们在训练过程中下意识地注意自己的不良习惯，经过长期的训练最终使不良习惯彻底改正。

（三）科学地调节球员在训练过程中的思想

篮球运动的体能训练是一种体力训练，只有球员付出更多的汗水才能锻炼出超人的体能。在训练过程中，很多球员由于没有吃过苦，特别是那些在城市里长大的孩子，虽然他们具有篮球运动所需要的体格，但是由于从小家庭条件优越，可以说是衣来伸手，饭来张口，丝毫不需要自己的努力，而篮球运动的体能的高强度训练，会让很多没有吃过苦的而又爱好篮球的学生产生心理负担，由于受不了篮球体能训练的苦，很多球员会半途而废。鉴于这种客观事实，教练员在组织篮球体能训练的同时，还必须注重观察分析每个球员的思想，利用训练休息时间多与学生球员进行交流，及时发现球员的心理负担。球员一旦出现消极怠工心理，必须马上进行谈话，教练员可以讲述自己的训练历史，也可以将其他球星的刻苦训练毅力口述给球员，教导他们不怕吃苦、不怕流汗，通过讲述一些经过刻苦训练的成果及球星的案例来激励他们，避免半途而废的现象出现。尤其是对于那些篮球运动天赋比较高的学生球员，必须加倍重视。我国的很多优秀篮球运动员是从大学里面挑选出来的，对那些天赋比较高的球员耐心指导，不仅可以帮助他们强身健体，而且还可以为我国的篮球事业发展做出一定的贡献。所以，对于一名优秀的篮球教练员来说，不仅需要具备丰富的球场经验和执教经验，还必须具备一定的洞察力，通过平时训练对球员的观察，认真分析他们的思想变化，将怕苦怕累的负面思想扼杀在摇篮里。

二、现阶段篮球运动体能训练过程中存在的问题

（一）缺乏应有的重视

关于体能训练，普遍存在着重视程度不足的问题。由于从意识上难以对其重视，同时专

职教练人员方面，普遍缺乏一定配置，因而难以真正实现体能训练。但是通过借鉴篮球强队的经验，普遍加强体能方面的培养和训练。以姚明在火箭队为例，体能教练员发挥了十分关键的作用，专职加强姚明体能，教练员为姚明私人定制。然而，对于我国来说，普遍欠缺真正较为专业化的教练员。教练员肩负的工作较为繁杂，没有真正分工明确。一方面，技战术训练应充分落实到位。另一方面，身体素质方面为实现增强，同样进行加强训练。除此之外，日常生活的方方面面，也要进行负责管理，难以真正实现专职。除此之外，体能训练的实际过程中，普遍存在着认识方面的偏差。训练量方面，也难以实现科学控制，训练质量一般会难以保障，成绩也会不佳。

（二）难以实现主要特征方面的把握

现阶段，普遍缺乏特征方面的认识，认识通常都较为片面和模糊，制胜规律不能实现有效掌握。一般过分看重战术训练，但是对于体能方面的训练，通常会过于轻视。长期这样训练下去，运动员难以真正实现良好的体能，比赛一旦较为激烈，完全不能适用比赛节奏。研究总结证明，篮球运动为实现不断发展，技战术属于一方面，体能同样属于关键因素。只有充分贯彻落实体能训练，比赛过程中才能取得不错成绩。作为国内著名篮球运动员，姚明充分肯定并强调体能，技战术之所以能够得到发挥，体能充分起到一定基础作用。由此可见，只有体能充沛，对抗过程中才能快速奔跑，才能充分捕捉到战机，对于篮板才能够积极拼抢。

（三）训练过程中手段欠缺

按照达尔文生物原理，训练过程中为保障良好效果，训练手段需要不断完善，训练负荷方面也应适中。只有这样，体能训练才能充分贯彻落实，体能才能真正不断增强。目前在我国，体能训练尽管得到一定程度重视，但是训练手段过于老套和单一，训练方法同样过于简单，难以合理确定训练负荷，存在一定盲目性特点。现阶段，力量方面难以实现良好训练，难以制定合理练习要求。没有进行有效的创新，因而难以保障训练效果，不会出现较为显著提高。除此之外，膝关节等部位，容易造成损伤等不良现象。耐力方面同样欠缺训练，以田径为主。同时难以实现训练负荷控制，普遍缺乏这方面的认识。关于训练方法，同样存在不科学的现象，起跳次数会过多，过于频繁，同时容易造成局部负担，运动员难以实现充沛体能，低水平现象严重。除此之外，引起疲劳等不良现象，意外情况下，受到一定程度伤害。

（四）对于一般性体能训练，难以实现同专项训练结合

体能训练从类型上讲，主要包括两个方面：一方面一般体能训练需要充分落实，另一方面需要注重加强专项训练。所谓一般体能训练，通常属于较为基础性的训练，但是起到十分关键的作用，促进专项训练顺利开展，提供基础或者说前提。而对于专项训练，本身存在一定针对性，致力于专项运动，能力方面力求不断改善。我国篮球运动员，体能方面虽然不断加强训练，一般训练相对来说存在过多问题，但是普遍忽视专项训练，训练方面出现较为严重的脱节。通常来说，体能训练需要掌握科学方法，随着体能不断升高，只要达到相应水平，训练方式需要不断加强调整。对于我国，体能训练实施阶段，普遍缺乏针对性特点，专项体能被忽略，或者说训练方面脱节现象严重。除此之外，如果过分看重专项训练，一般训练没有贯彻落实，基础性作用将难以发挥，同样会影响篮球水平。

（五）体能训练实施过程中，普遍缺乏系统性

现阶段，体能训练尽管普遍得到重视，训练却普遍缺乏一定计划性。同时，难以充分保障适当力量训练。长期下去，篮球运动难以实现真正发展。具体来说，训练过程中不注重采

取合理方式方法，手段过于单一化和简单化。对于少年班训练，反而采取成年化训练方法和标准，但是对于成年人训练，又过分追求简单。由于欠缺系统性，难以实现训练过程中计划编制，训练实施过程中，单调而且枯燥。如果长期下去，对于广大篮球运动员来说，疲劳现象严重，成效将难以保障，同时意外伤害可能产生。

三、解决篮球运动体能训练中存在问题的对策

（一）重视体能训练工作的开展

篮球训练是一项系统性工作，其中涉及技术训练、战术训练、体能训练等多方面。只有保证训练的系统性和有效性，才能有效提高篮球运动水平，获取优秀的成绩。在开展体能训练时，运动员和教练员都要提高自身的重视程度，以优秀的体能条件，来应对激烈的篮球比赛，并将篮球技战术要求执行到底。体能训练过程要进行不断的创新和调整，根据运动员的运动需求，针对运动员的力量、耐力、速度等方面进行综合性的训练。体能训练的方法与途径也要不断进行丰富，提高与实战的贴近程度，更好地提高运动员的实际作战能力。在训练方法的选择上，要尽可能选择先进的训练方法，增加综合性、大强度的练习，并积极地引入与应用先进的训练器材。例如，针对耐力训练，要对传统单一长跑的训练方式进行改进，增加不同的冲刺等方式，对练习的次数、间隔等进行科学的把握，进而制订出量化标准的合理性，突出专项训练的成效与特点。另外，在一般性训练与专项性训练计划的设置上，要进行合理的转化。一般性训练突出训练的基础性与综合性，专项性训练则针对某一方面的特殊体能需求。在一般性训练进行到一定程度后，要进行专项的体能训练，并且要分清主次。我国高校篮球运动员的平均年龄一般在 20～24 岁，身体没有完全发育。如果体能训练过大，就会对身体造成损害，并且影响运动员整体运动能力的提高。因此，对体能训练进行合理的规划和科学的安排，是提高篮球运动员整体运动能力的关键。

（二）科学地制订体能训练计划

在体能训练计划的制订上，要结合运动员的实际情况，制订长期和短期的不同训练计划。一般来说，体能训练计划的制订，需要专业的体能教练员结合运动员的实际身体状况和训练目标来制订。提高训练方案的科学性与合理性，可以更好地提高训练方案的执行效果，提高体能训练的成效。针对训练过程，将体能训练目标进行分解和联合，并进行细化与统筹，也是科学训练的关键，可以实现统一化与针对性训练的同步。体育教学游戏化关键还在于提高教师的素质，充分发挥教师在课堂教学中的主导作用，激发他们游戏化的创造性劳动，投入学校体育的教学改革中去，才能大力地推行游戏化的教学模式，使学生热爱运动，喜欢体育，追求体育给他们带来的无穷乐趣，从而为终身体育打下基础。

（三）体能与游戏结合练习法

体能与游戏结合练习法类似于团队游戏训练法。这是目前很适用的体育教学方法，首先将学生分组，根据教学目标的要求及学生的身心特点，设计几组不同的动作，并将不同的动作按照轮转的方法在规定的时间内完成。最后看哪组完成的质量高。模块练习的设计尤为重要，这需要教师仔细揣摩，在设计动作过程中值得注意的是每组动作的练习目标是什么、练习多长时间、练习强度是多少、对于学生有没有趣味性以及锻炼效果如何等。体能与游戏结合训练方法的应用优势在于占用空间少、安全性高、学生全员参与、动作简单、便于组织等。在分组轮转练习过程中，要求学生注重团队合作精神，并且以游戏的方法练习，学生更容易接受，更愿意参与其中。

第四章 篮球运动力量素质训练实践

第一节 篮球运动力量素质内容

人体的任何活动离不开肌肉的收缩力量，它维持着人体的基本生活能力。丧失肌肉活动力量的人，生活将无法自理。当人体从事体育活动时，则需要特殊的肌肉力量能力，这些特殊的肌肉力量能力是通过运动训练获得的。它是掌握运动技能、技巧，提高运动成绩的最重要的基础。那么，什么是力量素质呢？力量素质是指人的机体或机体的某一部分肌肉工作（收缩和舒张）时克服内外阻力的能力。外部阻力是指物体的重量、支撑反作用力、摩擦力以及空气或水的阻力等。内部阻力包括肌肉的黏滞力、关节的加固力及各肌肉肌的对抗力等。外部阻力往往是发展力量素质的手段，人体在克服这些阻力中提高、发展自身的力量素质。力量素质对人体体育运动有极大影响，是人体运动的基本素质，也是衡量运动员身体训练水平的重要指标。

各体育运动项目完成的动作不同，所以表现出的力量也不同。球类运动员要有改变方向、急停急起、滞空及控制身体随意运动的力量，跑的运动员要有快速向前的推进力，跳跃运动员要有踏跳的腾空力，投掷运动员要有器械出手时的全身爆发力，摔跤、柔道运动员要有僵持力、能借力发力，游泳运动员要有手的快速划水和腿脚快速打水、蹬水力，棋类运动员要有静坐能力、脑的反应力，武术运动员要有快慢、动静结合的控制力，体操运动员要有翻转力、回环力、慢起用力等。根据不同运动项目对力量素质的要求，以及力量的不同表现形式，力量素质可分为多种类型。例如，根据肌肉收缩的形式，可将力量划分为静力性力量和动力性力量；根据力量和体重的关系，可分为绝对力量和相对力量；根据力量的表现，又可以分为最大力量、速度力量和力量耐力；根据专项的关系又可以分为一般力量和专项力量。然而在运动训练实践中，往往按体育运动不同项目对力量素质的要求，从力量的训练特征来划分，一般将力量素质分为最大力量、相对力量、速度力量和力量耐力四种。

一、最大力量的概念及特点

（一）最大力量的概念

最大力量是指人体或人体某一部分肌肉工作时克服最大内外阻力的能力，亦指参与工作的肌群或一块肌肉在克服最大内外阻力时，所能动员出的全部肌纤维中最多数量的肌纤维发挥的最大能力。

（二）最大力量的特点

最大力量是个变量。它取决于肌肉收缩的内协调能力，骨杠杆的机械效率和关节角度的变化。通过合理训练，一方面使参与工作的那些肌纤维内部结构、机能发生变化，另一方面又可动员较多的肌纤维参与工作，从而使最大力量有所增长。但最大力量的增长，根据每个人训练水平的高低、训练方法是否合理而有所不同。每个人的最大力量由于遗传、年龄、性别、训练水平等因素具有很大个体差异，同一个人由于各部分肌肉功能不同，所表现出来的最大力量不同。

最大力量的表现一般是指在各种姿势，如站立、坐、卧、仰、蹲等身体姿势时，身体或身体某一部分所克服的最大阻力，以重量来衡量，可用测力计、杠铃、拉力器等来测定。最大力量是其他力量的基础。

二、相对力量的概念及特点

（一）相对力量的概念

相对力量是指人体每公斤体重所表现出最大力量值的能力。它主要反映运动员的最大力量与体重之间的关系。

（二）相对力量的特点

衡量一个人的相对力量采用力量体重指数，即每公斤体重的力量来表示。

如果一个人的最大力量不变或变化较小，但体重增加，则相对力量就会减少；反之相对力量增加，而体重保持不变，则其绝对力量也随之而增大。在发展力量素质过程中，在提高最大力量的同时还必须注意控制体重。

三、速度力量的概念及特点

（一）速度力量的概念

速度力量也叫快速力量，是指人体在运动时以最短的时间发挥肌肉力量的能力，也可指运动员在特定的负荷条件下所表现出来的最大动作速度。

（二）速度力量的特点

速度力量取决于人体肌肉的收缩速度和最大力量水平。增长速度力量时，既要有速度要求，又要有最大力量的要求，需要由速度和力量两个因素相结合完成。速度力量包括起动力、爆发力、制动力。起动力是指在最短时间内（0.15秒以内）最快地发挥出的肌肉力量。爆发力是指在最短时间内（150毫秒以内）以最大的加速度克服一定阻力的能力。它是速度力量性项目提高运动成绩的主要因素。制动力是指以较高的加速度朝相反的方向运动的能力。

四、力量耐力的概念及特点

（一）力量耐力的概念

力量耐力是指人在克服一定外部阻力时，能坚持尽可能长的时间或重复尽可能多的次数的能力。也就是无论运动员在静力或动力性工作中，能长时间保持肌肉紧张用力而不降低工作效果的能力。

（二）力量耐力的特点

力量耐力好坏取决于神经过程的强度、灵活性和延续性，以及肌肉功能过程顺畅性。根据不同运动项目中力量耐力的表现形式不同，可分为动力性力量耐力和静力性力量耐力。动力性力量耐力又可分为最大力量耐力（重复发挥最大力量的能力）和快速力量耐力（重复快速发挥力量的能力）两种，如田径、球类、游泳、体操等项目所需要的力量耐力，静力性力量耐力则主要表现在射击、射箭、速度滑冰、摔跤和支撑性运动项目中。

五、力量训练对篮球运动有着重要意义

（一）力量素质是进行一切体育活动的基础

我们所进行的各种体育活动都是由作为主动运动器官的肌肉以不同的负荷强度、收缩速度进行工作而带动被动运动器官骨骼的移动来完成的。如果没有肌肉的收缩和舒张产生的力量牵拉骨骼进行运动，则连起码的行走和直立也不可能，更不要说进行体育活动了。每个人跑、跳、投及攀登、爬越等各种体育运动和体力劳动均离不开力量素质。一个人想要跑得快就需要具有较好的腿部后蹬力，想要跳得远就要有较好的弹跳力，想要投（掷、推）得远就需要发展上肢爆发力，攀爬和提、拉重物都离不开上肢、腰腹部及腿部力量，所以说力量素质是人体最基本的身体素质，是进行一切体育活动和体力劳动的基础。

（二）力量素质影响并促进其他素质的发展

任何身体素质都是通过一定的肌肉工作方式来实现的，而肌肉的力量是人体一切活动的基础。力量素质决定速度素质。

首先，力量素质的增长有助于速度素质的提高。因而肌肉的快速收缩是以起动力量为前提的。一名短跑运动员如果没有两条强有力的腿，那是不可能取得优异成绩的。其次，力量素质也有助于耐力素质的增长。从生活常识中可以得知，一个强有力的人总比体弱者能持续活动更长的时间。此外，力量、速度的提高会增加肌肉的弹性，促进灵敏素质和柔韧素质的发展。

（三）力量素质的水平直接影响技术动作的掌握和运动成绩的提高

运动员力量素质的增长，直接反映了运动技术掌握的快慢及运动成绩提高的程度。例如，篮球运动中的各种急停、闪躲、变向、空中的高难度动作等也都是以一定的肌肉力量为基础的。力量和爆发力是篮球运动技术的重要因素。

（四）力量素质是衡量运动训练水平的重要指标，也是篮球运动项目选择人才的重要依据

力量素质在运动训练实践过程中，往往作为判断运动训练水平、评定参加何等级比赛的一项重要指标，作为判断某些专项运动潜力的一种手段，也是篮球运动选材的重要依据。对力量素质的发展必须给予足够的重视，尤其是速度力量，往往作为选拔运动员苗子的重要指标。

在篮球比赛中，突然起动、快速冲跑、连续跳跃、传球、投篮、抢篮板球以及不可避免的身体接触，都要求运动员具有爆发性的快速力量。由于力量素质是篮球运动员的重要身体素质，为此我国各级篮球队，都将"仰卧起坐""原地纵跳摸高""助跑摸高""负重深蹲"等运动项目成绩作为衡量一名运动员身体素质好坏和评定运动训练水平的指标。

第二节　篮球运动力量素质训练的制约因素

力量素质的提高和发展是以人体肌肉的形态、结构机能、生理生化机能的改变为基础，以神经中枢的兴奋和抑制过程的强度与集中以及相适应的神经过程充分协调为前提而建立起来的各种用力动作的条件反射的结果。也就是说一个人肌肉力量的大小要受到与其生长发育水平、性别、体重、自身肌肉结构、特征以及生理生化和训练方面的各种各样因素的制约。因此，理解上述因素对力量素质的不同影响，对于力量素质训练的效果有着密切的关系。

一、与人体生长发育相关的因素

（一）性别

一般男子的力量能力通常比女子要大，这主要是由于肌肉大小的差异所致。例如，一般成年男子肌肉重量占体重的 40%～45%。而女子则占 35%。科学研究证明，女子的力量平均约是男子的 66%，但并非所有肌群均成此比例。若男性力量为 100% 时，女性的前臂屈、伸肌肌群约为男性的 55%；手指内收肌、小腿屈肌约为男性的 65%；髋关节屈、伸肌、小腿屈肌、咀嚼肌约为男性的 80%。在力量训练的影响下，女子力量的增长性和肌肉体积的增大都比男子慢。因为"肌肉肥大"主要受体内睾丸激素的调节，正常男子这种激素比正常女子多，所以无论肌肉力量增加多少，女子的"肌肉肥大"总不如男子。

（二）年龄

力量素质的发展有着明显的年龄特征，其生理机制是肌肉发育与年龄密切相关。一般规律是 10 岁以前，随着人体的生长发育，无论男孩或女孩力量一直缓慢而平稳地增长，而且两者区别不大。从 11 岁起男、女孩的最大力量的差异开始显露，男孩增长稍快，女孩增长缓慢。青春期过后，力量仍在增长但其速率很低，女性达到最大力量在 20 岁左右，男性在 25 岁左右，而后随着年龄的增长而速率减退。力量素质发展的敏感期是 13～17 岁，此时最大力量进入快速增长的第一个高峰。这个年龄段力量的增长与体重的增长同步，而且最大力量增长快，相对力量却增长不大。这时的肌肉向长度增长比向宽度增长要快，因为此时也正是身高的快速增长期。16～17 岁是最大力量快速增长的第二个高峰，这时肌肉向宽度增长的速度加快了，最大力量和相对力量均很快，这是发展力量素质的最重要的时期。18～25 岁，力量增长变得缓慢，此后如不坚持锻炼，随着年龄的增长力量会逐渐减小，然而如果坚持良好的训练，男子力量增长可达 35 岁左右。至于力量速度的"敏感期"还要早一些，男子在 7～15 岁、女子在 7～13 岁发展比较快，这与速度素质"敏感期"较早密切相关。概括起来看，青少年力量的增长有如下特点：快速力量先于最大力量，最大力量先于相对力量，长度肌肉力量增长先于宽度肌肉，躯干肌肉力量先于四肢肌肉力量。

（三）体型

实践证明，运动训练能影响人的体型，而体型也能影响人的运动能力。同样，体型的差异与力量的大小有着密切的关系。根据实践观察，体格健壮的粗壮型的人肌肉较发达，因此表现的力量也较大；体型匀称型的人力量次之，但这种体型的人一般比较精干，肌肉线条比较清晰，往往会具有比较好的速度力量，体型细长的人力量较差；肥胖型的人看起来似乎最大力量很好，因为这种体型的人体重较重，若从相对力量的角度看，则其力量水平就不高了，大家要知道脂肪太厚会影响肌肉的发展。不同体型的人其力量素质客观存在的差异，是不同运动项目选材时应该认真考虑的问题之一。

（四）身高与体重

俗话讲"身大力不亏"，说明体重重的人往往力量大，体重轻的人则力量小些。当一名运动员的体重与其最大力量的比值不变时，则体重与最大力量成正比关系。也就是说体重增长，则其最大力量也随之增长。然而身高与力量的关系就比较复杂了，两者之间似乎必然联系不大。如果某人身高壮实，则力量也较大；若其身高但细长，则力量就不会大。如果某人身矮又粗壮，则力量也不会小；若其又矮又瘦则力量会更小。所以在体育运动项目选材中，常常把体重与身高联系起来考虑，用体重/身高指数（克/厘米）来衡量，即每 1 厘米身高有多少体重，指数大，则力量一般也比较大。

（五）脂肪

脂肪组织聚集在内脏的四周、骨骼肌表面（肌肉与皮肤之间）和骨骼肌中，肌肉中的脂肪不仅本身不能收缩，而且在肌肉收缩时会产生摩擦，从而降低肌肉的收缩效率。同时脂肪太厚还会影响肌肉的发展，有的专家认为青少年肥胖，脂肪太厚，会影响自身的睾酮激素的发展变化。通过运动训练可以减少肌肉内脂肪，从而提高肌肉收缩效率使力量增强。脂肪的多少与相对力量的大小密切相关，因为减少了脂肪就意味着减轻了体重，相对力量也就得到了提高。

（六）睾酮激素

据科学研究证明，睾酮激素水平的高低与力量的大小也有密切的关系，睾酮激素水平高的人往往一般力量比较大。所以有专家认为可以通过测定血液或尿中的睾酮激素水平来进行力量性项目的选材。

二、肌肉的形态和组织结构因素

人体的运动是在中枢神经系统调控下通过肌肉收缩产生的力而完成的。因此，有目的地改善肌肉的形态、组织结构对发展力量素质具有重要意义。

（一）白肌纤维在肌肉中的比例

肌肉力量的大小取决于不同类型肌纤维在肌肉中所占的比例。肌纤维类型通常分为白肌纤维（快肌纤维）、红肌纤维（慢肌纤维）和中间肌纤维三种。人体肌肉中，无论男性或女性，无论老中青少皆拥有白肌纤维和红肌纤维，只是两者的比例不同而已。竞技体育中，从事时间短、强度大的运动项目的运动员肌肉中含白肌纤维有较高倾向；而从事时间长、强度低的耐力性运动员肌肉中则含红肌纤维有较高倾向，原因是白肌纤维的无氧代谢能力比红肌纤维大得多。虽然白肌纤维和红肌纤维均含有促使 ATP-CP 系统快速作用的酶，但白肌纤维中酶的活性比红肌纤维大 3 倍；同样白肌、红肌纤维均含有促使糖酵解的酶，但白肌纤维中此种酶的活性比红肌纤维高两倍以上。白肌纤维中支配运动的神经元传导速度快，使白肌纤维达到最大张力的时间只需要红肌纤维的三分之一。所以白肌纤维最适宜做短距离、高强度的运动项目。红肌纤维的有氧代谢能力比白肌纤维强，因为红肌纤维有氧氧化酶系统活性高，毛细血管的数量、线粒体的大小和体积、肌红蛋白的含量等绝对大于白肌纤维，能使人维持长时间工作不易疲劳，所以红肌纤维适合于强度小、工作时间长的耐力性运动项目。人体肌肉中红、白肌纤维的比例受遗传因素的影响，有的人白肌纤维比例大，有的人红肌纤维比例大。同一个人的不同部位肌肉的红白肌纤维比例也不同。在不同负荷、不同动作速度进行运动的条件下，参加肌肉收缩的肌纤维类型也不同。一般规律：在一定负荷强度下用较慢的速度完成动作，红肌纤维起主导作用；如快速完成动作，则是白肌纤维起主导作用。

综上所述，力量素质的表现，主要由肌肉中白肌纤维数量多少所定。白肌纤维比例高，则肌肉收缩力大。同时肌纤维类型和在肌肉中的比例也是不同运动项目选材的重要指标之一。

（二）肌肉的生理横断面

肌肉的绝对肌力取决于该肌肉的生理横断面积。肌肉的生理横断面积越大，肌肉收缩时产生的力也越大，两者接近正比例关系。肌肉的生理横断面为该肌所有肌纤维横截面的总和。肌肉横断面增大，是由于肌纤维增粗造成的。肌纤维的增粗表明肌纤维中的能源物质三磷酸腺苷（ATP）和磷酸肌酸（CP）增加，肌肉结缔组织增厚，肌糖原含量增多，毛细血管开放密度加大，肌凝蛋白质含量增多，从而提高了肌纤维的质量，大大提高了每根肌纤维的负力，进而决定了最大力量的提高。有的学者通过科学研究论证肌肉横断面每增加1平方厘米，可提高力量6~12公斤。

（三）肌肉的初长度

人的肌力的大小与肌肉收缩的初长度有关。在一定范围内，肌肉的初长度长或肌肉弹性拉长后，则肌肉收缩时产生的张力和缩短的程度就越大。因为肌肉拉长时，肌梭将感知肌纤维长度变化产生冲动，会提高肌纤维回缩力来对抗拉力，当长度拉到一定程度将引起牵张反射，可提高肌力的发挥效率。

在运动实践中，如挺举前的下沉动作，扣球前的体前肌群背弓，投掷前的超越器械的主动拉长，以及跳跃、推手、落地等动作的被动拉长均是为了获得更大的收缩力。肌肉的适宜拉长比其自然长度产生的收缩力要大。但这种肌肉弹性的拉长必须在其解剖学原理限度内进行，而且在不断适应生物刺激条件下逐渐地拉长。

（四）参与活动的肌纤维数量

每块肌肉是由许多肌纤维构成的。肌肉收缩时并非所有的肌纤维都能被同时动员起来参加活动，动员参与活动的肌纤维数量越多，则收缩时产生的力越大。根据运动生理学揭示：由于遗传的作用，每个人肌肉中的肌纤维数目，红、白肌纤维比例从出生5个月后就已确定，一年后形成。以后随年龄增加，通过训练或其他科学方法，无法改变肌肉中的肌纤维数量及红、白肌纤维的比例，只能改变肌纤维形态及红、白肌纤维功能和参与活动的肌纤维数量。运动场上的新手最多只能动员60%左右的肌纤维参加活动，而优秀运动员参加活动时动员的肌纤维可达90%左右，这和训练后中枢神经发出的神经冲动强度和频率加大有关。

（五）肌肉的牵拉角度

肌肉收缩牵拉骨骼进行运动时，犹如杠杆运动，在整个活动中，随着杠杆的移动，肌肉在不同位置的不同角度上牵拉，其力量大小是不一样的。例如，当负重屈肘做弯举时，肘关节角度在115°~120°时，此时肱二头肌张力最大，30°时张力最小。膝关节弯曲在164°和130°时腿的力量几乎表现一样，屈膝低于130°时，腿的力量则下降。肌肉不同的牵拉角度对力量素质的影响，及完成技术动作用力正确与否关系较为密切。这是进行技术分析、改进技术动作必须慎重考虑的问题之一。

（六）肌肉收缩的形式

不同的肌肉收缩形式对肌肉力量的大小及其特点带来不同的影响。不同的运动项目各有不同的用力特点，因而也就需要不同特性的力量。不同特性的力量要用不同的发展力量素质的训练方法去发展，而不同的力量素质训练方法又是在肌肉不同的收缩形式的基础上形成的。肌肉收缩的主要形式如下。

（1）动力性向心克制性收缩特点是肌肉工作时，肌肉长度逐渐缩短。随着关节角度的变化，肌肉在缩短过程中张力也发生改变，如手持哑铃的弯举动作。无论何种运动项目，在发展运动员的力量素质时，掌握好发挥最大肌力的关节角度，可以起到事半功倍的效果。动力性向心克制性收缩是力量训练的主要形式。

（2）动力性离心退让性收缩特点是肌肉收缩时，张力增加的同时肌肉的长度也增加。例如，负重肘关节，负重慢慢下蹲等，这时阻力是在运动过程中起作用的力。国内外许多学者研究认为，肌肉在做离心退让性收缩时可以产生更大的张力。实验证明，肌肉做离心收缩时所产生的张力比同一肌肉做向心收缩时所产生的张力大 40％左右。

（3）静力性等长收缩其表现是肌肉的力在对抗固定阻力时的收缩形成。特点是肌肉收缩时，其张力发生变化，但其长度基本不变，在整个动作过程中肢体不会产生明显位置移动。例如，体操中的平衡动作、倒立及摔跤中双方的僵持阶段、手持哑铃做侧举动作等。肌肉极限或次极限负荷的静力性收缩比动力性收缩能够动员更多的肌纤维参与工作，能有效发展最大力量和静力性耐力。

（4）等动力性收缩"等动"就是"恒定"的意思。其特点是在整个关节活动范围内，肌肉始终以某种张力收缩，而收缩速度始终恒定。由于肌肉等动收缩，如自由泳的划臂动作，肌肉的长度和张力都发生变化，它的优点是集等长收缩和等张收缩之所长，使练习者肌肉在各个关节角度上用力基本均等，且均具有足够刺激。现在有目的地进行等动性收缩，一般皆利用特制的等动练习器，通过速度控制器的机械作用，以保证不管张力多大，但肌肉收缩的速度始终保持恒定。同时还可以保证肌肉在整个活动范围内达到理想的生理负荷（主观上尽量用最大力量为前提）。

三、中枢神经系统的调节机能因素

大脑皮质既具有相适应的神经兴奋和抑制过程，又具有最适宜的灵活性，从而积极动员植物性神经系统和内分泌功能，能够协调肌肉在运动训练中发挥更大的功率。即神经过程强度越大越集中，肌肉力量发挥越大。这也说明了中枢神经系统的机能状态如何，直接影响肌肉的力量。

（一）神经过程的频率和强度

肌肉的收缩由神经传导电脉引起，一次脉冲动可引起肌肉收缩一次。若在肌纤维还没有完全松弛时，新的脉冲信号又传来，就会出现肌肉的重叠收缩，能产生更大的力量。科学的训练促使练习者中枢神经系统传出的神经冲动频率高、强度大。在同一时间里，动员肌肉内更多的运动单位进行收缩，产生的力量就越大。参加比赛的运动员由于兴奋性高而且兴奋的程度比较集中，神经过程的强度也比平时大得多，一般皆比平时训练能发挥出更大的力量。当发生意外事件，如失火时人由于高度的神经冲动，往往能搬起平时无法搬动的重物从而表现出惊人的力量。

（二）神经中枢对肌肉活动的支配和调节能力

体育运动中，完成一个最简单的动作也需要许多块肌肉共同来实现。不同的肌肉群是由不同的神经中枢所支配而进行工作的，不同神经中枢之间的协调关系得到改善，就可以提高主动肌同对抗肌、协同肌、固定肌之间的协调能力，使上述肌肉群在参加工作（完成某一动作）时能各守其职，协调一致，尤其是对抗肌肉神经中枢处于抑制，对抗肌保持放松状态，减少了其产生的阻力，保证主动肌、协调肌群发挥更大的收缩力量。有的专家研究证明，肌肉收缩的最佳效果不是由于肌肉，而是由于神经冲动的合理频率的提高，促进运动员的情绪高涨（兴奋性提高），从而引起调动肌肉工作能力的较多肾上腺素、去甲肾上腺素、乙酰胆碱及其生理活性物质的释放，使力量增大。因此，中枢神经系统的机能状态可以直接影响肌肉的力量，并对力量素质的发展和发挥起着极为重要的作用。在完成某一技术动作时，若中枢神经系统传出的神经冲动频率高、强度大，则肌肉所产生的力量就大。

四、营养系统的功能能力因素

肌肉工作时营养的供应直接影响到肌肉力量的发挥。最大力量的增长、速度力量的提高、力量耐力的持久将取决于 ATP-CP 功能系统，糖酵解功能系统，无氧功能系统的供能能力，即无氧非乳酸性供能，无氧乳酸性供能，有氧供能。根据运动生理化学理论可知，ATP 是肌肉收缩的直接能源。无论 CP、糖的无氧、糖的有氧及脂肪的有氧供能都必须以 ATP 的形式供肌肉收缩。当人体激烈活动时，肌肉中的 ATP 首先能起发动作用，促使 CP 同步分解再合成 ATP 供能，与此同时磷酸立即参与糖的无氧酵解产生 ATP 以补充肌肉中 ATP 的浓度。当 ATP-CP 系统供能接近生理允许的极限消耗时间（5.66～5.93 秒）时．开始启用无氧糖酵解提供的 ATP 与 ATP-CP 系统消耗的能力共同供能，直至糖的无氧酵解供能占优势，但此时运动强度下降。极限运动 8 秒钟后，开始糖的有氧酵解生成丙酮酸进入三羧循环氧化生成 ATP 补充肌肉中 ATP 浓度。当运动 30 秒左右时，由于糖的无氧酵解被抑制，迫使运动强度降低（每秒每公斤肌肉消耗的 ATP 数量减少），乳酸作为有氧供能的衔接能源供能。随运动时间的延长，糖的有氧及脂肪的有氧供能促成肌肉长时间的活动。对发展力量素质来说，无氧非乳酸性供能最为重要。因为力量增长在较短时间内，以较快的速度完成技术动作效果最佳。进行力量训练时，还应注意动员白肌纤维参加工作，因为白肌纤维中 CP 含量较高。由于进行力量训练时肌肉活动的强度很大，工作时间很短，又常伴有憋气，特别是静力练习时肌肉持续紧张，血管被挤压，血液流动不畅通，往往造成缺氧。在这种情况下，肌肉收缩的能量供应，主要依靠能源物质的无氧分解，其表现特征是磷酸肌酸大量消耗，肌糖原生成乳酸，血液中乳酸也升高，因此，若发展力量素质，必须提高肌肉的无氧代谢能力。

五、心理因素

人体运动中由于心理障碍造成神经过程处于抑制状态，以致不能充分发挥出最大肌肉力量，如不愉快的运动经历，对运动损伤的恐惧，成功信心的缺乏，焦虑和紧张等都会引起神经系统对肌肉调节功能的减弱。因此，有目的、有意识地培养学会自我情绪调节，善于集中自己的注意力，具有临危不惧的顽强意志品质等是发展力量素质极为重要的心理条件。优秀运动员在比赛前通过"意志集中""心理准备"或各种"自我暗示"，使人的机体各系统同步进入紧急工作状态，解除抑制，在完成的各种技术动作中，发挥出极限的肌肉力量。心理因素是影响力量发挥的重要因素之一，已引起教练员和体育科研人员的注意。如何克服消极心理因素，解释人体科学的奥秘，尽快掌握心理调节办法，促进训练水平的提高，是体育运动训练的新课题。

六、训练因素

运动训练中的许多因素如负荷强度、动作速度、动作幅度、练习的组数、每组练习重复的次数、每组练习的间歇时间等训练因素都会对力量的大小和特性产生很大的影响。

（一）负荷强度与重复次数

运动实践证明，练习时若负荷重量大，重复次数少，则发展最大力量效果较好，尤其是肌肉群受到超负荷练习后，力量素质会得到有效的发展；若重量与次数皆适中，则增大肌肉体积较显著；若重量小重复次数多，则主要发展肌肉耐力。每组练习的间歇时间较长，使机体消耗的能量得到恢复后再进行下一组练习，那么发展力量效果就好，反之，机体生理、生化等指标均下降，出现疲劳状态下仍然进行力量训练，肌肉力量的发挥也呈下降趋势。

（二）动作速度

练习时，完成技术动作速度的快慢对发展力量的特性有重要的影响。例如：练习时尽量加快动作的速度，尤其是单个动作速度，能有效地发展爆发力；练习时注意加快单个动作速度，也注意加快动作的频率（重复若干次数），能发展一般速度力量。一般对动作速度不做过多要求，若强调每次练习的负荷量或次数，能发展最大力量或速度力量。

（三）以肌肉收缩形式为基础的不同训练方法

以等张的离心或向心，等长、等动等不同的肌肉收缩形式为基础而不同的训练方法对力量的大小和特性将产生巨大的影响。等长收缩的静力性练习主要能提高静止性用力的力量，等张收缩的动力性练习能明显提高肌肉的爆发性力量和灵活性。等动收缩的动力性练习能使肌肉在整个关节活动范围内产生最大的肌张力。

（四）原有的训练基础

训练基础较差者开始训练后，力量会增长得很快，而训练基础好的人，力量增长速度就比较慢了，如果停止力量训练，增长的力量就会逐渐消退。力量消退的速度大约为提高速度的三分之一。也就是说，力量提高得快，停止训练后消退得也快。经过长时间训练逐渐提高的力量，停止训练后，保持的时间也较长。有的专家研究，只要每6周进行一次力量训练，就可延缓力量的消退速度。如果每1～2周进行一次最大力量训练，则基本可以保持所获得的力量。

第三节　篮球运动力量素质训练方法

一、力量素质训练方法

现代运动训练的一个十分重要的特点是训练方法、手段和训练方式越来越多样化。作为一名教练员或运动员熟悉掌握这些方法、手段，并且能结合训练实际及个体差异有针对性地、合理地运用，才有可能获得事半功倍的效果。

（一）力量素质练习的基本手段

虽然各种不同力量素质均有其各自的练习手段，但力量素质训练也有一些共同的练习形式，现归纳如下。

（1）负重抗阻力练习：可作用于机体任何一个部位的肌肉群。这种练习主要依靠负荷量和练习的重复次数刺激机体发展力量素质。负重抗阻力练习的方式多种多样，负荷的重量及练习的重复次数可随时调整，它是身体素质练习中常用的一种手段。

（2）对抗性练习：双方力量相当，依靠对方不同肌肉群的相互对抗，以短暂的静力性等长收缩来发展力量素质，如双人顶、双人推或拉等。对抗性练习几乎不需要任何器械及设备，也容易引起练习者的兴趣。

（3）克服弹性物体阻力的练习：这是依靠弹性物体变形而产生的阻力发展力量素质，如使用弹簧拉力器，拉橡皮带等。

（4）利用外部环境阻力的练习：如在沙地、深雪地、草地、水中的跑、跳等。做这种练习要求轻快用力，所用的力量往往在动作结束时较大。

（5）克服自身体重的练习：主要是由人体四肢的远端支撑完成的练习，迫使机体的局部部位来承受体重，促使该局部部位的力量得到发展，如引体向上、倒立推进、纵跳等。

6.利用特制的力量练习器的练习：可以使练习者的身体处在不同的姿势（坐、卧、站）进行练习。它不但能直接发展所需要的肌肉群力量，还可以减轻心理负担，避免伤害事故发生。另外，还有电刺激发展肌肉力量的练习器。

（二）力量素质练习的基本方法及特征

运动训练实践中，教练员们创造了多种多样发展肌肉力量的方法，或是作用于整个肌肉系统或是有选择性地作用于某些肌肉群，这些具体的练习形式是形成现代力量训练方法的基础。按动力学特征分类，力量素质练习的方法分为动力性力量练习法、静力性力量练习法及点刺激练习法等。动力性力量练习法是指人体采用相对运动的动作形式进行力量素质的练习，主要由克制收缩形式（速度性克制收缩、力量性克制收缩和等动练习），退让收缩形式的速度性退让收缩、力量性退让收缩练习；超等长收缩形式的速度性超等长收缩、力量性超等长收缩练习等方法所组成。静力性力量练习法是指人体采用相对静止的动作形式进行发展力量素质的练习，主要是指等长收缩的练习。电刺激法是利用电刺激仪产生的脉冲电流，代替由大脑发出的神经冲动，使肌肉收缩，达到提高肌肉力量的目的。此外，还有将动力性力量的不同形式和静力性力量练习的形式进行不同组合，形成新的发展不同力量素质的组合练习法。

1.动力性克制收缩练习方法的特征

动力性克制性收缩练习是指肌肉从拉长的状态中缩短以克服阻力而完成动作。肌肉在收缩时起止点相互接近，所以动力性克制收缩练习又可看作是肌肉的向心性工作。该方法的最大特点是动作速度快、功率大，能有效地提高肌肉力量、速度和力量耐力。

2.动力性退让收缩练习方法的特征

动力性退让收缩练习是使肌肉产生离心收缩的力量练习。生理学研究证明肌肉不仅在收缩时能把化学能转化为机械能，同时在外力拉长肌肉做功时，肌肉也能把外能转化为化学能储存。因此，肌肉的退让性工作除了即时效应外（如制动）还能产生积蓄效应（把非代谢能量转变为肌肉的化学能和弹性势能），然后再以机械能的形式瞬间释放。退让性收缩练习对神经肌肉系统产生超负荷量，可使肌肉力量，特别是最大力量得到明显增长。

3.等动练习法的特征

等动练习法是指借助于专门的等动训练器在动力状态下，人体肌肉的抗阻力程度适中恒定，且动作速度平均的练习方法。这种方法的最大特点是人体接受外部负荷刺激所产生的生理反应强度，在人体动作的变化过程中始终保持恒定，并使关节各个角度的肌肉用力表现出最大用力或恒定用力。国外研究认为，快速等长练习能使各种运动速度的力量都得到增加，慢速等动练习所增加的快速力量耐力大于慢速等动练习所增加的慢速力量耐力。

4.超等长收缩力量练习法的特征

超等长收缩力量练习法是利用肌肉的弹性、收缩性及牵张反射性来提高力量素质。即肌肉先被迫迅速进行离心收缩，紧接着瞬间转为向心收缩的练习。它的最大特点是利用神经肌肉的牵张反射性，引起神经系统反射性产生更强烈的兴奋冲动，从而动员更多的运动单位参加收缩，产生更大的肌肉收缩力，以达到提高力量的目的。这种练习方法主要有以下三种形式。

（1）各种快速跳跃练习。

（2）不同高度和形式的跳深练习。

（3）利用专门训练器械进行的超等长练习。

5. 静力性练习法的特征

静力性练习法是指人体采用相对静止的动作，利用肌肉长度不变，主要改变张力的变化特点发展力量素质。它的最大特点是物理上表现的功为零，但生物体却依然存在做功的功能，能更有效地提高肌肉的张力与神经细胞的机能水平。

6. 组合练习法的特征

组合练习法是将动力性的克制性练习、退让性练习和静力性练习等方法进行不同的组合，有效地提高力量耐力和快速力量。从生理和生物力学角度看，各种肌肉收缩方式混合练习，增加了机体对刺激的适应难度，提高刺激的作用，能收到更快提高力量的效果。

7. 电刺激练习法的特征

电刺激练习法是现代新的发展力量素质的练习法。其最大优点是：训练部位准确，可根据训练目的，随意选择和确定练习部位；强化专项肌群和薄弱肌群，肌肉收缩的强度和时间可以人为的控制；可最大限度地动员运动单位参与收缩，可在短期内迅速提高肌肉力量；可加大训练量，缓解大运动量与疲劳恢复的矛盾，可保证受伤期工作肌群的正常训练。与想象训练相结合，作为比赛期和比赛前的力量强化手段和兴奋刺激手段。电刺激法增长力量迅速，但用电刺激获得的力量，一旦停止练习，消退也快。

（三）发展力量耐力的具体方法

发展一般力量耐力，可采用持续间歇练习法、等动练习法、循环练习法。

1. 持续间歇练习法

持续间歇练习法的特点是负荷重量较小，每次应竭尽全力去达到极限，使肌肉长时间持续收缩工作到最大限度。力量耐力的增长主要表现在重复次数的增加上，每次练习要力争增加重复次数，当重复次数超过该项目特点的需要时，就应增加负荷重量。每个运动项目的特点不同，因此采用的负荷重量和次数应根据各项目的特点而确定。具体运用该方法多见于以下两种，第一种方法的负荷特征：采用 $40\%\sim60\%$ 的负荷强度，进行 $3\sim5$ 组练习，每组练习用很快的速度重复 $10\sim20$ 次，组间休息 $30\sim90$ 秒；第二种方法的负荷特征：采用 $25\%\sim40\%$ 的负荷强度，进行 $4\sim6$ 组，每组用快的动作速度重复 30 次以上，组间休息 $30\sim60$ 秒。如果练习时间短（$20\sim60$ 秒），又必须使疲劳积累，应该在疲劳尚未恢复时进行下一组练习。若练习时间长（$2\sim10$ 分钟），应该充分恢复到练习前的水平。

2. 等动练习法

等动练习器的结构是在一个离心制动器上连一条尼龙绳，拉动尼龙绳时，由于离心制动作用，拉动绳的力量越大，器械产生的阻力也越大，器械所产生的阻力总是和用力大小相关。

肌肉用力大小与骨杠杆位置有着密切关系，即受到肌肉群的牵拉角度及每个杠杆的阻力臂与力臂的相对长度的影响。因此，当人体任何一个环节活动时，在整个活动范围内，肌肉所表现的力量并不是均匀一致的。当我们做弯举时，总会明显地感觉到肘关节处于 $90°$ 左右时最吃力（阻力最大）。因此，在一般的动力性训练中，外加阻力是固定的，所以肌肉在屈肘关节的整个活动范围内，负担是不一样的，开始较小，$90°$ 左右负担最大，然后又逐渐减小。当肘关节处于不同角度时，屈肘肌群所受到的刺激作用也就不一样。而用等动练习器进行训练时，当骨杠杆处于有利位置时，肌肉如使劲，用力比较小，器械产生的阻力也大；而当骨杠杆处于不当位置时，力量小，器械产生的阻力也就小。这样实际上就等于在肘关节的整个活动范围内，给予了屈肘肌群不同的负荷（不同的外加阻力），只要练习者尽力去拉，就能保证在整个活动范围内,肌肉均能受到最大负荷。进行等动练习时,通常完成次数较多,主要用于发展力量耐力,如果改变符合要求,亦可用于发展其他力量素质。等动练习可采用以下方法进行:将等动练习器固定在墙壁、地板或天花板上,运动员根据各自的专项特点,结合专项动作的方向和幅度,采用不同的负荷进行训练。例如,慢速等动训练,只增加做慢动作的力量耐力;快速等动训练,能使快速和慢速动作力量耐力都得到提高。总之,进行快速等动训练提高的力量耐力比慢速等动训练提高的力量耐力的效果大。等动训练一般每周以2~4次为宜,每一种练习应保证做2~4组。若负荷较大时,每组做8~15次;若负荷较小时,应做15次以上。等动训练时动作速度应尽可能和所从事的专项动作一样快。

3. 循环练习法

循环练习法是指根据训练的具体任务,建立若干练习站或点,运动员按照规定的顺序、路线、时间依次完成各站规定的练习内容和次数,周而复始地进行练习的方法。其特点是能轮流锻炼各个肌群,按先后顺序发展两臂、双肩、两腿、腹部、背部等部位肌群的力量耐力。循环练习的内容组织需根据练习者的设想、训练目的而定,并且应该遵循"渐进负荷"或者"递增负荷"的原则安排训练,负荷强度必须针对个人情况而定。提高肌肉耐力一般采用两种不同方式的循环练习:

(1)大强度间歇循环练习。该方法运用时采用最大力量的50%~80%负荷,重复10~30次,重复速度要快,休息时间应是用力时间的2~3倍。这种方法主要用于短距离高速度项目(短跑、短距离游泳、短跑道速滑)、摔跤、拳击及其他球类项目的肌肉耐力的训练。

(2)低强度间歇循环练习。该方法采用较低负荷(最大力量的30%~50%),重复次数增加至最高重复次数。完成动作的速度适中或较慢,休息时间比大强度的循环练习时间要短。这种方法主要用于发展周期性运动项目的肌肉耐力,如长跑、长距离游泳、越野滑雪、赛艇等。制订循环练习计划时,每组练习的时间短者可安排6种练习,时间适中者可安排9种练习,时间长者可安排12种练习,总持续时间在10~30分钟,循环重复练习2~3组。但具体的练习持续时间、重复次数以及间歇时间应该根据运动员的训练水平和准备发展的身体素质来确定。因为采用循环法练习时各"站"都是事先安排好的、固定的,所以可以组织与"站"同等数量的人同时参加练习,以提高练习者的兴趣,活跃练习的气氛。

发展力量素质,除了学习掌握必要的力量素质教学与训练的理论外,还应该掌握正确的发展有关肌群力量的技术动作,并在实践中反复练习。只有这样,才能迅速促进力量素质的不断提高。

二、发展力量素质的注意事项

力量素质发展水平是影响身体训练水平的关键因素。在实施发展力量素质过程中为达到优化控制,取得事半功倍的效果,必须注意如下几点。

(一)力量素质的发展要全面而有重点

在发展力量素质的过程中,一方面应使四肢、腰、腹、背、臀等部位的大肌肉群和主要肌肉群得到锻炼、提高,另一方面也要注意发展那些薄弱的小肌肉群的力量。虽然体育运动中的许多动作是很复杂的,需要身体各部位许多大小不同的肌群协同工作才能完成,但是发展不同类型的力量素质并不意味着面面俱到,平均发展,应该在全面发展的基础上针对运动项目特点而有所侧重。

（二）练习时要使肌肉充分拉长和收缩，练习后要使肌肉充分放松

每次练习时，应使肌肉先充分伸展拉长，然后再收缩，动作的幅度要大。因为肌纤维被拉长后可以增大收缩的力量，同时又可保持肌肉良好的弹性和收缩速度。力量练习以后，肌肉常会充血，胀得很硬，这时应做一些与力量练习动作相反的拉长动作，或者做一些按摩、抖动，使肌肉充分放松。这样既可加快疲劳的消除，促进恢复，又可防止关节柔韧性因力量训练而下降，同时也有助于保持肌肉良好的弹性和收缩速度。

据肌电研究证明，肌肉越是工作到接近疲劳时其放电量越大。这说明此时肌肉受到了较深的刺激。这种刺激能促使机体发生良好的生理、生化反应，有助于超量恢复而使力量得到增长。所以在进行力量练习时越是最困难的最后一两次动作，越是要坚持完成。

（三）进行力量练习时，要全神贯注，念动一致，注意安全

肌肉活动总是在中枢神经系统的调节下进行的，练习时要全神贯注，练习哪里就想到哪里，使意念活动与练习动作紧密配合保持一致。这样有助于肌肉力量得到更好的发展。特别是进行大负荷练习时不能说说笑笑，注意力应高度集中，否则容易受伤。因为笑的时候肌肉最容易放松，而力量练习的负荷又大，不当心就易造成损伤。此外，为了平安练习，达到期望的效果，还应注意加强自我保护和互相保护，尤其在举或肩负极限重量时，更应该注意加强相互保护。

（四）紧密结合专项特点安排力量训练，注意正确的技术动作规范

不同的专项动作有各自不同的技术结构，要求参加工作的肌肉群力量也不同。例如，跑要求竭尽全力连续快速蹬地向前推进的力量；投掷要求竭尽全力使运动器械获得最大加速度的爆发力量；体操项目既有慢起用力动作，又有爆发力的推手、踏跳，还有回环力、翻转力等动作。因此，做力量训练时首先要根据专项技术的动作结构来选择恰当的练习，以发展有关的肌肉群力量，其次要通过肌电研究了解主要肌群用力特点、工作方式、用力方向、关节角度等，来确定力量训练的方法。只有紧密结合专项特点来安排力量训练，才能收到更好的效果。

每一个力量练习动作，都有各自的技术规范要求，练习者只有按照技术规范要求去操作，才能够真正发展肌肉群的力量。否则，技术动作变了样，参与活动的肌群也就有所改变，就势必影响力量训练的效果。例如，臂弯举的正确动作是身体直立，两臂贴于体侧，只依靠肘关节的充分屈伸来完成，保证屈肘肌群力量得到充分的发展。但是很多练习者做弯举时，为了贪图省力举得重，往往依靠身体的前后摆动来帮助完成动作。这样表面看起来似乎举得还重一些，但实际上发展肱二头肌的效果反而要差一些，因为身体摆动时腰背肌肉、臀部和大腿后面的伸髋肌群也参与了工作。更重要的是掌握正确的技术动作，还可以防止伤害事故。例如，做深蹲练习，正确的动作要求挺胸直腰，腰背肌收紧以固定脊柱，主要依靠膝关节的屈伸，同时也伴随着髋关节的一定屈伸来完成动作。即使站不起来，腰背肌也要一直保持收紧，等待同伴的保护和帮助。这样既安全可靠，又能保证伸膝肌群力量得到很好发展。

（五）进行力量训练时，要掌握正确的呼吸方法

憋气有利于固定胸廓，提高腰背肌紧张程度，可提高练习时的力量，所以极限用力往往要在憋气的情况下进行。有的学者进行背力测定研究发现，如一人憋气时背力最大为 133 公斤；在呼气时为 129 公斤；而在吸气时力量最小，为 127 公斤。虽然憋气可提高练习时的力量，但用力憋气会引起胸廓内压力的提高，使动脉的血液循环受阻，而导致脑贫血，甚至会

产生休克。为避免产生不良后果，做力量练习时必须注意以下几点：第一，当最大用力的时间很短，但有条件不憋气时就不要憋气。尤其在重复作用力不是很大的练习时，应尽量不憋气；第二，为避免用憋气来完成练习，对刚开始训练的人，所给予的极限和次极限用力的练习不要太多，并让其学会在练习过程中完成呼吸；第三，在完成力量练习前不应做最深的吸气，因为力量练习时间短暂，吸的气并不会立即在练习中产生作用，相反，深度吸气增加了胸廓内的压力，此时如再憋气就可能产生不良变化；第四，用狭窄的声带进行呼气，几乎也可达到与憋气差不多同样大的力量指标。因此，做最大用力时可采用慢呼气来协助最大用力练习的完成。

（六）训练中要采用大负荷与循序递增负荷

大负荷是指训练的负荷强度和训练总量，一般要用某人所能承受的最大负荷或接近最大负荷来进行训练。因为采用大负荷能迫使肌肉进行最大收缩，能刺激人体产生一系列的生理适应性变化，从而导致肌肉力量的增加。为了达到大负荷，训练时无疑要保持较大的强度，或者要保持较大的数量（次数和组数）。

在力量训练过程中，当力量增长后，原来的负荷（主要指重量）就逐渐地变为小负荷了，因此为了继续保持大负荷，就必须循序渐进递增负荷。例如，训练开始时，某人用20公斤做臂弯举，反复举8次出现疲劳，而他能用20公斤连续举起12次时，这时就可以增加负荷量又能举起8次的重量，从而使其上升一个新的负荷。这样，就可使有关的肌肉群始终在大负荷状态下工作。进行负重练习是力量训练的一个基本特征和基本要求。

优秀运动员的力量训练是建立在"超负荷训练"的基础上的。所谓"超负荷训练"就是指要求肌肉完成超出平时的负荷的训练。"超负荷训练"通常会引起肌肉成分特别是肌蛋白的分解。"超负荷训练"会导致超量恢复的产生。在超量恢复的整个过程中，肌肉的成分会重新组合，肌蛋白含量得到提高，从而使肌肉更加粗壮有力。应不断地有目的、有计划地安排"超负荷训练"以引起超量恢复，达到迅速发展力量素质之目的。

（七）力量素质训练要系统科学安排，不间断

根据"用进废退"的原理，力量素质训练应全年系统安排，不能无故中断。科学研究表明，力量增长得快，停止训练后消退得也快。如果停止了力量训练，已获得的力量将会按增长速度的三分之一消退。通过训练获得的力量，停止训练后虽然会逐渐消退，但一部分力量会保持很久，甚至会永远保持下来。然而，发展力量素质训练不宜在疲劳的状态下进行，这种状态下的训练不是发展力量，而是发展耐力。

力量素质训练应因人、因项、因不同训练周期和训练任务而异，负荷的安排应是周期性、波浪式的变化。力量训练课的次数取决于一系列因素：训练课的主要任务，训练课处于的阶段和周期，各力量素质的发展水平及训练特点，运动员的年龄、性别、健康状况、身体素质能力及训练水平等。其中训练水平是重要的因素之一。实验证明，对刚开始训练的人来说，每周3次训练课要比1～2次训练课或5次训练课的效果更好。而对训练有素的运动员来讲，训练课的次数则可安排得稍多一些，这是因为刚参加训练的人与训练有素的运动员相比恢复过程不同，适应性变化也不相同。根据优秀运动员的训练经验，每周进行1～2次力量训练，可保持已获得的力量；每周进行4～6次力量训练，力量可获得显著增长。

由于大肌肉群的工作能力恢复相对较慢，通常在比赛前7～10天，训练中不宜安排用极限负荷进行较大部位肌肉群的练习。

在每个小周期中，尽量使各种不同性质的力量训练交替进行。在一堂课中，可先安排发

展最大力量、速度力量的练习，最后安排发展力量耐力的练习。

在进行发展力量素质的训练课中应使各肌肉群交替"进行工作"。例如，训练课开始时，先进行下肢肌肉群的综合练习，之后躯干肌肉群，然后进行上肢和肩带肌肉群的训练。在一堂课上安排发展某些肌肉群训练时，应先促进大量的肌肉群投入工作，然后才可以起动部分或局部肌肉群投入工作。

（八）要偏重摆动的动力性练习

在进行发展力量素质练习时，应偏重于摆动的动力性练习，尤其要注意动作的振幅。这样做可使练习者获得用力感和速度感，增强技术动力力量，培养快速完成动作的能力，同时也改进了关节的灵活性。为了增大动作的振幅，要注意结合肌肉的放松和伸展练习，以使肌肉保持弹性和柔韧性。

第五章　篮球运动速度素质训练实践

第一节　篮球运动速度素质内容

一、速度素质的概念

速度素质是指人体或人体某部位快速运动的能力，也就是人体或人体某一部位快速做出运动反应、快速完成动作、快速移动的能力。

对于速度素质的内涵过去有不同认识，不少人认为速度就是跑得快、游得快，"速度是指尽快向前运动的能力"。近几年对速度的认识逐渐趋向一致。例如，苏联的普拉诺夫认为："速度是指运动员保证在最短时间内完成动作的综合功能。"民主德国的盖·施莫林斯基提出："所谓速度是指在神经系统和肌肉组织运动过程的可变性的基础上，以一定的速度来完成动作的能力。"加拿大的图多·博姆帕将速度的内涵定得更为简明：速度是人体"快速运动的能力"。我国的过家兴教授提出："速度素质是人体快速完成动作的能力和动作反应时间的总称，也可理解为人体（或身体的某部分）进行快速运动的能力。"董国珍教授指出："速度素质是指人体快速运动的能力。这里包括人体快速完成动作的能力和对外界信号刺激快速反应的能力。"上述专家学者对速度内涵所表达的语言文字虽有差异，但其内涵基本上是一致的，速度素质包括三个方面，即运动时人体对各种信号刺激的快速反应能力，快速完成动作的能力，快速通过一定距离的能力。

（一）反应速度的概念与特点

反应速度是指人体对各种信号刺激（如声、光、触等）的快速应答能力。这种能力取决于信号通过神经传导所需时间的长短，即机体的感受器感受到刺激时，由感觉神经元传入中枢神经，由中枢神经发出指令，经运动神经元传出至效应器肌肉，肌肉产生运动。这在运动中又称为反应时，反应时长则反应速度慢，反应时短则反应速度快。

反应速度以神经过程的反应时（其中包括感觉时间、思维判别时间和动作始动时间）为基础。反应时的长短受遗传的因素影响较大，遗传力高达 0.75 以上。另外，反应时的长短与刺激信号的强度和注意的集中程度与指向也有关。

（二）动作速度的概念及特点

动作速度是指人体或人体的一部分完成单个动作或成套动作的快慢以及单位时间内重复动作次数多少的能力。因此，动作速度又分为单个动作速度、成套动作速度及动作速率三种。

动作速度除了决定于信号在各环节中神经传递速度之外，还与神经系统对人体运动器官指挥能力关系密切。如兴奋冲动强度大，加之传递速度快，协调性好，即指挥的能力强，动作速度必然快。此外，动作速度的快慢还与人体各器官系统的准备状态，快速力量与速度耐力水平以及动作熟练程度有关。

在技术动作中，动作速度可分为瞬时速度和角速度等。

（三）位移速度的概念及特点

位移速度是指在周期性运动中，单位时间内人体快速位移的能力。通常用通过一定距离的时间或单位时间内通过的距离表示，如短跑运动员的跑速、跳高运动员的助跑速度等。从物理学上讲，位移速度是表示物体运动快慢的物理量，它是距离（s）与通过该距离的时间（t）之比，可用公式 $v = s/t$ 表示。

位移速度与人的神经过程的灵活性关系密切，神经兴奋与抑制过程灵活性越高，转换能力越强，人体两腿交换频率越高，位移速度也就越快。运动员的跑速与其步幅、步频及二者的比例，肌肉放松能力和运动技能巩固程度有关。位移速度也受到遗传因素影响，有资料表明，50米跑速的遗传力为 0.78。在技术动作中，位移速度可分为平均速度（$\bar{v}$），加速度（α）和最高速度（v_t）。

构成速度素质的反应速度、动作速度、位移速度之间既有联系又有区别。位移速度本身就是由各个单个动作速度和动作速率组合而成。例如，途中跑的后蹬速度、前摆腿动作速度、摆臂速度和重复次数的组合。反应速度又往往是位移速度的开始，反应速度在运动时，已经成为反应后的第一个动作速度。因此，在发展位移速度中，要考虑三者之间的相互关系，就位移速度而言，反应速度是前提条件，动作速度则是基础。

二、速度素质的意义

速度素质是人体的基本身体素质之一，在身体训练中占有重要的地位和作用。

速度素质是决定运动成绩的重要因素。在体育比赛中，有些项目比赛的成绩直接受到速度素质的制约，篮球运动本身比的就是运动员快速运动的能力，通过一定距离所用速度的快慢决定胜负。

随着现代运动技术的发展，时间因素起着越来越重要的作用。在研究构成技术的诸因素中，也更重视时间因素的研究。一方面研究在完成各种复杂的技术中，如何缩短动作的时间，提高完成动作的速度；另一方面在创新技术的研究中，力求完成技术动作的迅速性，动作技术的突然性，能出其不意而取得胜利。与此同时，在现代训练中教练员们也以提高速度来增大训练的难度与强度，提高专项能力，适应当今剧烈竞赛的要求。所以速度素质的培养是各个运动项目竞技能力的重要内容，直接决定或影响运动员技战术水平的发挥，是竞争能力的强弱与比赛胜负的重要因素。

速度素质是重要的身体素质之一，是衡量身体训练水平、竞技能力高低的客观依据。速度素质直接反映运动过程中的效果，提供改进技术、提高运动成绩的客观数据。竞技体育技术动作大多要求快速完成，良好的速度素质有助于运动员更好地掌握合理而有效的运动技巧。

速度素质练习不仅能提高人体的快速运动能力，而且能提高人体中枢神经过程灵活性及兴奋与抑制的转换能力，提高人体三磷酸腺苷（ATP）和磷酸肌酸（CP）的储存量，促进供能能力的提高及改善代谢过程。

速度素质不但是某些运动项目作为选材的客观依据之一，而且良好的速度素质对其他身体素质的发展有着积极的影响。肌肉快速收缩能够产生更大的力量，高度发展的速度素质能为耐力的发展提供更大的空间。

三、影响速度素质的因素分析

（一）影响反应速度的因素分析

反应时是决定反应速度快慢的基础。反应时也称反应潜伏期，是指运动员接受刺激与做出肌肉动作之间的应答时间。反应潜伏期的存在涉及以下过程：第一，某些感觉器官被刺激而唤起兴奋；第二，兴奋沿传入神经传到中枢神经；第三，一旦兴奋冲动传到大脑中枢，就要根据过去的经验进行分析，刺激方式越复杂，在中枢分析的时间就越长；第四，沿着传出神经，把中枢所发出的冲动传到相应的肌肉群；第五，肌肉根据刺激的特点与要求，做出相应的回答。整个过程都有时间延搁，其中以在大脑皮层内延搁的时间最长。

因为反应潜伏期具有以上特征，所以反应时间的长短主要取决于以下因素。

1. 感受器（视、听、触觉等）的敏感程度

感受器越敏感，越能缩短对各种信号刺激的感受时间。感受器的敏感程度在相当程度上受到注意力集中程度与指向，以及感受器疲劳程度的制约。如射击运动员长时间地进行瞄准练习后产生视觉疲劳，反应时就会延长。

2. 中枢神经系统机能

中枢延搁是大脑中枢对刺激信号分析的结果。刺激信号的选择性越大，反射活动就越复杂，历经的突触也越多，分析的时间也就越长。中枢神经系统对刺激信号的分析时间主要和两个因素有关：其一是中枢神经系统的兴奋性，其二是条件反射建立的巩固程度。例如，中枢神经系统兴奋性高时反应时就缩短，疲劳时反应时则延长。又如，随着动作技能的日益成熟，反应时就会明显缩短。简单反应时平均可以缩短 11％～18％，而复杂反应时则平均可以缩短 15％～20％，并且反应的稳定性也有很大程度的提高。

3. 效应器（肌纤维）的兴奋性

有材料表明，肌肉紧张时比放松时反应时要缩短 5％左右，另外，肌肉疲劳时反应时间明显延长。

根据以上分析，注意力的集中程度与指向，疲劳程度与反应过程的巩固程度对反应速度有相当大的影响，在反应速度的教学与训练中要引起充分的重视。

（二）影响动作速度、位移速度的因素分析

动作速度与位移速度的主要特点都是通过肌肉系统的快速活动形式，在最短的单位时间内完成动作。因为人体肌肉活动的形式与质量受到形态、生理、心理、力学、技术等方面的影响，所以影响动作速度、位移速度的因素也表现在多个方面。

1. 人体形态

人体形态对速度的影响，主要在于四肢的长度。在其他条件相等的情况下，上、下肢的长度与该部位的运动速度成正比。上、下肢的长度越长，该部位的运动速度就越快。人体四肢的运动形式是肢体绕关节轴的转动，效应部位（手或脚）离轴心的距离越远，运动速度就越大。拳击和击剑运动员手臂越长，出拳与出剑的速度就越快，径赛运动员下肢的长度也是影响运动成绩的重要因素。所以，对运动速度要求较高的体育竞技项目，都把人体形态作为一个重要的选材指标。

2. 神经活动过程的灵活性

神经活动过程的灵活性主要指运动神经中枢兴奋与抑制之间快速的转换能力以及神经与肌肉之间的协调能力。人体部位各种形式的快速运动，都是神经中枢活动高度协调的表现。

只有这种高度协调，才能保证在快速运动时，迅速地吸收所有必要的肌肉协作参与活动，并抑制对抗肌的消极影响，发挥出最高速度。另外，神经活动过程的灵活性不仅能影响肌肉的猛烈收缩，而且对肌肉随意放松的能力也有直接的作用。随意放松肌肉是神经中枢合适的抑制状态造成的。运动员在发展位移速度时，如果能充分放松肌肉，就能较长时间维持高速运动。

中枢神经系统兴奋与抑制转换的持续时间，与转换速度的快慢有关，转换速度越快，转换持续时间越短。在进行高速度活动时，中枢神经很快就会疲劳，从而降低运动速度，甚至会使运动完全停止。所以，发展最高速度时，要考虑中枢神经系统的特点，时间不能过长。否则，适得其反。

3. 力量发展水平与技术

在许多运动项目中，力量的发展水平与技术因素是影响动作速度和位移速度的重要因素。从力学公式中可以知道，力量等于人体质量与加速度的乘积，力量是引起人体加速度的原因，力量越大则加速度也越大，加速度越大，人体运动速度就越快。人体质量与人体加速度成反比，所以要最大限度地提高人体加速度，对力量的要求更偏重于相对力量。相对力量越大，肌肉就越容易在运动时克服内、外部阻力，产生快速的收缩速度。

另外，动作速度和位移速度往往也受到技术的影响，运动员的快速能力在很大程度上取决于完善的运动技术。动作的幅度与半径大小、工作距离的长短与时间、动作的方向、角度及部位等均与速度的快慢有密切关系。合理、有效的技术可以通过缩短运动杠杆，正确摆正重心，有效地使用能量等作用而快速完成动作，并能使动作完成更省力。遗传影响，红白肌纤维后天不可能相互转化，只能通过中间型肌纤维的作用进行功能上的代偿。人体肌肉白肌纤维百分比越高，快速运动的能力也就越强。例如，速度性项目优秀运动员的白肌纤维比耐力性项目运动员多得多。

4. 肌纤维的类型和肌肉用力的协调性

肌肉的快速收缩是速度素质的基础。从肌肉的结构来说，人体骨骼肌分为白肌纤维（快肌纤维）、红肌纤维（慢肌纤维）和中间型纤维三种。白肌纤维主要靠糖酵解供能，并具有较高的脂肪、三磷酸腺苷（ATP）、磷酸肌酸（CP）含量，但活动时容易疲劳。不同的人体内，白、红肌纤维占的百分比是不同的。世界大赛短跑项目的前几名基本上都是黑人，原因也是黑人的白肌纤维比其他人种多的缘故。

另外，良好的肌肉弹性以及主动肌和对抗肌之间的协调交替能力也是实现快速运动、准确完成动作技术的重要保证。关节的柔韧性对大幅度完成动作（如步幅）的作用十分明显，这对要求快速奔跑的项目十分重要。因此，在发展速度（特别是位移速度）的过程中，安排适量的柔韧性练习，对速度素质的提高有积极意义。

5. 肌肉中能量物质的储备与能量物质分解以及再合成的速度

肌肉收缩的速度首先决定于肌纤维中动用化学能的速度与强度以及化学能转变为收缩机械能的速度与强度。这在很大程度上取决于兴奋从神经向肌肉传导的速度与强度，以及取决于释放和分解三磷酸腺苷（ATP）的数量和速度。所以，速度与肌肉中三磷酸腺苷的含量有关，与神经冲动传入肌肉时三磷酸腺苷的分解速度有关。其次，快速能力是以肌肉收缩和舒张的迅速转换为前提的。要使肌肉舒张，并能进行下一次收缩，必须使它收缩时消耗的三磷酸腺苷有比较完全的恢复和再合成。如果三磷酸腺苷完全耗尽，肌肉就不能继续工作。因此，速度又取决于肌肉收缩的间歇中三磷酸腺苷再合成的速度。

肌肉快速收缩中，三磷酸腺苷的再合成是靠肌肉中磷酸肌酸（CP）分解释放出能量来完成的。磷酸肌酸也是速度素质的物质基础。人体快速运动的能力越强，其肌肉中磷酸肌酸的含量就越高，同时肌肉中糖酵解的活动能力也越强。同样，速度训练除了能增大三磷酸腺苷的再合成能力外，还能增加肌肉中能量物质的储备和能量物质迅速被利用的能力。

6.注意力的集中程度

动作速度、位移速度除受以上所述因素影响之外，还和运动员注意力的集中程度有很大关系。注意力的集中程度实际上是一种心理定向能力。这种能力不仅能影响中枢神经系统兴奋与抑制快速转换的速度，而且对肌肉纤维的紧张程度与收缩效果有重大作用。另外，注意力集中程度的作用还表现在人体对快速随意运动的感觉与控制，这对发展人体快速能力是十分重要的。因此，在发展速度素质练习中，对运动员注意力的要求千万不能忽视。此外，运动员是否有勇敢顽强的精神，是否有坚定不移的信心、意志以及果断的性格，能否保持适度的兴奋和稳定的情绪等，都是影响运动员速度素质的提高和发展的重要因素。

除上述影响速度素质的内在因素外，速度素质的提高还受到一些外部因素的影响，如气候、温度、环境等。这一切在发展速度素质的过程中都应引起充分的重视。

第二节　篮球运动速度素质训练方法

一、速度素质训练方法

通过一定的方法与手段来提高运动员的速度素质，对发展运动员的快速运动能力有积极的意义。由于速度素质包括反应速度、动作速度、位移速度三个方面，而这三方面既有联系，又有区别，故速度能力提高的途径也具有多方面的特点。

（一）反应速度的训练

反应速度的训练包括简单反应速度和复杂反应速度的训练。简单反应速度训练的特点是通过训练尽量缩短感觉（视、听、触）—动作反应的时间。复杂反应速度训练的特点则是尽量缩短感觉（视、听、触）—中枢分析选择判别—动作反应的时间。

1.简单反应速度的训练

在体育运动实践中，简单反应速度往往受到中枢神经系统的兴奋程度，注意力的集中程度，肌肉组织的准备状态，动作技术的掌握程度，对信号特征、时间特征的感觉与辨别能力，遗传因素等的制约。如果要把简单反应速度提高到一定程度，就必须针对上述原因（除遗传因素）采用相应的方法与手段。简单反应速度训练的方法一般有以下几种。

（1）完整训练

利用已经掌握的完整的单个动作或组合动作，尽可能快地对突然出现的信号或突然改变的信号做出应答反应，以提高反应能力。例如，根据特定信号改变动作方向，对已知对手的运动做出不同的反应动作，对快速运动目标做出迅速反应等。这种对信号反应的完整训练，在运动初级水平阶段作用比较明显。

（2）分解训练

由于简单动作反应是通过具体的、有目的的运动动作及组合来完成的，因此采用分解训练能充分利用动作速度向简单反应速度转移效果。分解训练是相对完整训练而言，就是分解回答反应的动作，使之处于较容易或更为简单的条件，提高分解动作的速度来提高简单反应速度。

（3）变换训练

通过改变训练的形式让运动员在变化的情况下完成训练。改变训练的形式主要包括两方面内容：第一，改变对刺激信号的接收形式，如由视觉接收的刺激信号改变成听觉、触觉的形式；第二，改变回答反应的动作形式，利用变换训练，既能有效地提高人体各感觉器官的功能和缩短简单反应的时间，又能提高训练积极性及避免兴奋不必要的扩散，提高训练的效果。

（4）运动感觉训练

运动感觉训练是身体训练与心理训练相结合的一种方法。在人体反应过程中，提高对微小时间辨别的时间知觉，从而发展反应速度。这种训练对运动实践具有一定的实际意义。运动感觉训练一般要经过三个阶段：第一阶段是运动员接收到信号后，以最快的速度对信号做出应答反应（如做5米的起跑），然后获得该次反应训练的实际时间；第二阶段是运动员自己估计反应训练的所用时间，而后与实际时间对照比较，由此提高运动员对时间感觉的准确性；第三阶段是当运动员的估计时间与实际时间在大多数情况下吻合时，运动员就能较准确地判断反应时间的变化，在训练中按所要求的时间完成一次反应过程，运动员辨别时间差的能力越强，越精细，就越能自由地掌握反应速度，并使反应速度得到提高。

另外，运动员的注意力指向与反应速度能力有关。在训练中要求运动员把注意力集中在将要进行的动作上，因为注意力集中在动作比集中在信号反应速度要快一些。注意力的指向和肌肉紧张度有关。注意力集中在动作上，完成该动作有关的肌肉群紧张就会升高，从而加快动作的完成。

2. 复杂反应速度的训练

复杂反应在运动中大部分属于选择反应。选择反应一般包含两种形式：一是对移动目标的反应，即指对运动客体的变化做出反应；二是选择动作的反应，主要指根据对手动作变化做出相应动作反应。所以，复杂反应速度的训练也包括移动目标训练和选择动作训练。

（1）移动目标练习

对移动目标产生反应并做出选择，一般要经历四个阶段。例如，对球类运动中的运动客体——球的反应，一是要看到球，二是判断球的速度与方向，三是选择自己动作的方案，四是实现这个方案。这四个阶段组成了复杂反应过程，整个过程时间一般为0.25～1秒。实践表明，前两个阶段的时间大约要耗费整个反应时间的一半以上。就是这两个阶段中，时间分配也不平均，绝大部分时间用在第一阶段，第二阶段只占极少部分，约0.05秒。因此，移动目标训练中要特别考虑到反应时间分配的特点。

首先，要重视视觉观察移动物体能力的练习。通过不同的位置、方向和以不同速度的传球，能使这种能力得到提高。不过在练习中要注意注意力的指向与分配。其次，加强"预料"能力的培养，培养在视线中预先"观察到"和"盯住"运动物体，以及预先确定运动物体可能移动的方向和速度的能力。这种能力要在技术和战术动作的提高过程中得到相应的提高。最后，有意识地引入和增加外部刺激因素，如可以在专项训练训练时增加球的数量，采用多球的游戏法训练，安排一对二的训练等。还可采用带有程序设计装置的练习器和其他专门设备。

（2）选择动作训练

根据对手动作变化做出相应的动作反应是人体反应与专项运动密切相结合的一种形式。这种训练专项化程度很高，但对专项运动的作用却十分明显。选择动作训练内容包括两部分。其一，在专项训练练习中使需要选择的情况复杂化。例如，在练习中提供更多的，需做出反应的动作。由此增加反应过程中的选择面和难度，促进中枢神经系统的分析辨别能力，缩短反应的时间。其二，训练中努力教会运动员合理利用对手可能做出动作变化的"预先信息"。这种预先信息可从观察对手的姿态、面部表情、眼神、准备动作、总体风格中得到。一旦能准确意识到对手可能采用的动作变化，就可以快速、准确地选择相应的动作来应答。

（二）动作速度的训练

动作速度寓于具体的动作之中。在动作速度的训练中，专项要求不同，动作速度训练的任务和内容也有区别，因此，动作速度和动作技术的完善程度紧密联系在一起。另外，动作速度直接受到力量、柔韧性、灵敏度等其他素质发展水平的制约，所以动作速度的训练与其他素质的发展也密切有关。动作速度的培养，必须通过技术水平的巩固与提高，以及有关身体素质的发展才能实现。

1. 完善技术训练

完善技术训练是指利用完善的运动技术来提高动作速度。因为动作幅度大小、工作距离长短、工作时间多少以及动作的方向、角度与部位等都与动作速度大小有着极为密切的关系。另外，在技术训练中，人体协调性会得到相应的提高。那么完成动作时，人体各肌肉群之间，肌肉活动与内脏活动之间，各内脏之间就会表现出同时或前后配合协作一致的现象，这将有利于在发展动作速度时最大限度地减少人体内部的阻力（如被动肌肉群的阻力、人体运动时内脏器官的阻力等），从而提高动作速度。

2. 利用助力训练

利用助力训练指在动作速度训练中，利用外界自然条件的助力和人为因素的助力来发展动作速度。外界自然条件的助力是指利用风的方向或水的流向，如自行车运动员顺风骑、速滑运动员顺风滑、短跑运动员顺风跑和游泳运动员顺水游。这种方法对提高动作速率既经济又有效。人工因素的助力可分为机械助力和人为助力。机械助力是由专门机械设备的牵引形成的，如摩托车的牵引、牵引机的牵引等。人为助力是教练员或他人直接或间接施加给运动员顺运动方向的力，帮助运动员提高动作速率或完成某一技术环节的动作速度。例如，短跑项目一带一、快带慢的牵引跑；体操项目教练员直接给予运动员助力，帮助其提高动作速度。不论是哪一种助力形式，运用时都应循序渐进。以提高动作速率为主的训练，助力应逐渐加大；以提高单个动作为主的训练，助力应逐渐减少。

3. 利用后效作用训练

利用后效作用训练是利用动作加速和器械重量变化而获得的后效作用来提高动作速度。例如，在跳高训练中，先穿沙背心或沙袋进行负重跳可获得重量减轻后的后效作用；利用下坡跑可获得加速的后效作用；在推标准铅球之前可先用加重铅球做训练而获得重量减轻后的后效作用。这是由于在第一次动作完成后，神经中枢剩余的兴奋在随后的动作过程中仍然保持着运动指令，从而可以大大缩短动作进行的时间，提高动作速度。但是，这种后效作用的产生取决于负荷量的大小和随后减轻的情况，以及训练重量的重复次数和不同重量的训练交换次数与比例。例如，用增加重量的铅球训练后，再用标准重量的铅球进行训练，两者合理比例应为 1∶（2～3）。而在用标准重量铅球训练后，再进行减轻重量的铅球训练，两者比例应为 1∶1。在同一次训练课中，把 3 种重量的速度训练组合在一起，顺序安排应是加重—标准—减轻。在短跑训练中应该是上坡跑—水平跑—下坡跑。这种由重到轻的安排就是要利用动作的后效作用。

4. 加大难度训练

加大难度训练主要是通过缩小训练完成的空间与时间界限，用特定的要求来促使动作速度的发展，如球类小场地快速完成训练。因为运动活动中动作速度表现的平均水平和快速动作的完成，在相当程度上受专项活动持续时间和活动场地等影响，因此，在动作速度的训练中，限制训练的时间、空间条件，使运动员以最大速度完成动作，从而提高训练效果。

（三）位移速度的训练

位移速度在某种意义上可以看成是一种人体综合运动能力。位移速度的快慢不仅和动作技术水平有关，而且和力量、柔韧性、速度耐力以及协调性的发展也有着十分密切的关系。从另外一个角度，也可把位移速度看成是动作速度、速度耐力与意志力的组合。所以位移速度训练可采用以下方法。

1. 力量训练

力量训练是提高位移速度的基本方法之一。常用的发展位移速度的力量训练有负重杠铃、各种单双足跳、多级跳和跳深等形式。力量水平特别是爆发力水平的提高对位移速度的提高具有相当重要的意义。不过，在力量训练中应注意以下几点：①力量训练时，以提高速度力量为主，通常是强调负重力量训练的速度，力争快速完成。②注意采用极限和次极限负荷强度，以提高白肌纤维的功能。训练的次数与组数不宜过多。③通过力量训练提高肌肉、韧带的坚韧性，防止在速度训练中受伤。④力量训练后应有 2～6 周的减量训练阶段，以便通过"延缓转化"把所提高的力量能力转移到速度能力上去。⑤多做一些超等长的力量训练（如多级跳、跳深等），以提高肌肉收缩时的快速力量。

2. 重复训练

重复训练是指以一定的速度，多次重复一定距离的训练。这种方法对提高人体在快速移动中克服各种内外阻力以及速度耐力十分重要。采用重复训练时要重视以下问题。

（1）训练强度是提高运动员快速移动能力的主导因素。位移速度属极限强度，应以高强度进行位移速度的训练，强度一般可控制在 90％～95％，在此之前要安排一些中等或中上强度的训练作为适应。在高强度的训练中，运动员要高度集中注意力，最大限度地动员肌肉力量，并加大动作速度与幅度，发挥最高速度水平。

（2）练习量位移速度训练要保证一定时间，但不宜太长。高强度训练一般持续时间在 20 秒以内，距离 30～60 米，游泳 10～15 米，速滑 100～200 米为宜。次数和组数的确定应根据运动员高速度出现与保持的时间，以及克服疲劳和机体恢复能力来决定。一般来说，极限负荷时间短，一组 6～7 次，重复 5～6 组。非极限负荷时间长，重复次数与组数减少。

（3）间歇安排应以运动员机体相对得到恢复为标准。运动员在下一次训练开始前，中枢神经系统又再度兴奋，机体内物理化学变化在很大程度上已经中和，能保证下次训练的能量供应。间歇时间的长短主要和训练持续时间有关。一般来说，训练持续时间 5～10 秒，各次训练间休息 1～2 分钟，组间间歇 2～5 分钟；若训练持续时间 10～15 秒，各次训练间休息 3～5 分钟，组间间歇 10～20 分钟。

（4）肌肉的放松能力在重复训练中，肌肉在极限强度负荷下完成最快的收缩功能，容易疲劳，恢复较慢。所以在训练中要重视提高肌肉的放松能力，也就是肌肉主动消除疲劳的能力。大量的材料表明，放松能力对速度运动项目的影响越来越大。

3. 步频、步幅训练

步频和步幅是影响位移速度的两个主要因素。尤其是步频受肌纤维类型和神经活动灵活性制约，步幅受腿的长度、柔韧性、后蹬技术力量的制约。这五个因素中，只有柔韧性和后蹬技术通过训练能得到改善，其他三个因素受遗传的影响后天改善的程度有限。因此，对有一定训练水平的运动员，主要是通过提高步幅来提高位移速度。目前，通过人为条件发展步频步幅的手段很多，如牵引机、加吊架的领先装置、转动跑道、惯性跑道等。

4. 比赛法、游戏法训练

比赛法是速度训练中经常采用的方法。由于位移速度训练时间短，经常采用比赛法是可行的。采用比赛法能促使运动员情绪高涨，表现最大速度的可能性就会增加。通过比速度、比技术、比成绩等可以起到激励斗志、鼓舞情绪的作用。在比赛的条件下，往往能比平时更快地做出反应，完成快速移动。游戏法同比赛法作用一样，可以激起运动员高涨的情绪。同时，由于游戏过程能引起各种动作变化，还可以防止因经常安排最大速度练习而引起的"速度障碍"形成。

二、发展速度素质的注意事项

速度素质的发展受多种因素的影响，为了有效地提高人体的快速运动能力，在训练中必须注意如下要求。

（一）发展速度素质应注意其年龄特征

速度素质的发展水平在相当程度上受到人体生长发育水平的制约。在速度训练中考虑到这个特征，加上合理的措施，速度素质才能快速地、稳定地得到发展。例如，7～13岁的少年儿童处在速度素质的快速增长期（敏感期），其原因和神经系统、协调能力在这期间快速发展有关。抓住这一阶段的速度训练，有助于促进动作频率、单个动作速度及反应速度的快速发展。一般的做法是，13岁之前重点应放在单个动作速度和跑的频率的安排上，并在训练中充分利用一切能提高单个动作速度和跑的频率的方法与手段，针对少年儿童的生理和心理特点，提高和稳定少年儿童对练习的兴趣和积极性，防止练习过程中因疲劳而产生的不良影响。13岁以后，在保持已经获得单个动作速度和跑的频率的基础上，采用提高速度力量和肌肉最大力量的方法来增大步幅，从而提高位移速度。

（二）注意合理安排速度素质训练的顺序与时间

各种身体素质及运动能力之间，具有相互联系、相互促进和相互制约的关系，在发展某一素质的同时，都会或多或少、直接或间接地引起其他素质的变化。因此，发展速度素质时应从系统论的角度出发，处理好同其他素质的关系，合理安排训练的顺序，使得素质间互相促进和良性转移。速度训练中，常使用发展力量的手段来促进速度，但力量素质要求神经过程强度大，肌肉收缩用力也大，尤其是静力性力量训练，由于动作缓慢，会降低神经过程和肌肉活动的灵活性。而速度素质要求神经过程的灵活性高，兴奋与抑制迅速转换，肌肉收缩轻松协调。因此，速度训练应放在力量训练之前进行，力量训练也应以动力性力量为主。在力量训练过程中，应交替安排一些轻松、快速地跑跳训练或一些协调性和柔韧性训练，这对发展速度素质十分必要。

速度素质训练的时间，在一个大周期中主要放在准备期的后期和比赛期的前期；在一周中最好安排在小强度训练或调整训练后的第一天进行；在一天或一次训练课中，一般放在上午或课的前半部分，最好安排在运动员身心状态最佳、精力最充沛的时候进行。因为人体疲劳后神经过程灵活性降低，兴奋与抑制的快速转换不可能建立，在这时发展速度素质效果不好。

（三）注意以发展力量和柔韧性等来促进速度素质

力量特别是快速力量和柔韧性，是影响速度素质的重要因素。所以在发展速度素质中，首先，要注意发展快速力量。例如，采用 40%～60% 的强度多次重复快速负重训练，使肌肉横断面和肌肉力量增大，并提高肌肉活动的灵活性，以及适当采用 75% 以上的大强度训练，使肌肉用力时能够最大限度地动员更多的肌纤维同时进行收缩，提高肌肉的收缩功效。其次，通过各种手段提高柔韧性素质。柔韧性提高后可以增加力的作用范围和时间，同时能使肌肉内协调性得到改善，从而减少肌肉阻力和增大肌肉合力，最终导致运动速度的提高。

（四）注意速度训练时人体处在适宜的工作状态

人体适宜的工作状态对发展速度素质是十分必要的，其中包括神经系统的适宜状态、内脏系统的适宜状态和肌肉系统的适宜状态。这种适宜状态可以通过集中注意力和速度训练前用强度较小并保持一段时间的活动得到满足。运动员注意力集中，可使神经系统处于适宜的兴奋状态，并使肌肉保持一定的紧张度。而强度较小并保持一段时间的活动能提高运动性和植物性功能活动，使内脏系统与肌肉系统间形成适宜的相互关系，对改善肌肉内协调性有良好的作用。这在速度素质训练时应引起重视。

（五）发展速度素质应重视肌肉放松

肌肉放松对速度的提高非常重要。肌肉放松，张弛有度，能够减少肌肉本身的内阻力，增大肌肉合力，使血液循环通畅。例如，肌肉紧张度达到 60%～80%，血液流动就会严重受阻，时间稍长，动作就会失去协调性，已有的快速能力也无从发挥。肌肉放松时，肌肉中血液流动情况大为改善，比紧张时提高 15～16 倍。血液循环通畅，能给参加活动的肌肉输送大量氧气，加快 ATP 再合成速度，并能节省能量物质，使能量物质得到合理利用，还可增加肌肉收缩前的初长度，从而提高运动素质。

（六）正确预防和消除"速度障碍"

速度素质发展到一定水平，常会出现提高缓慢，甚至停滞不前的现象，称为"速度障碍"。这是由于神经-肌肉系统发展到一个高峰，练习中常用而不变化的一些手段使训练量与训练强度对人体没有新的刺激作用，使频率节奏、技术等都达到一个相对稳定的状态所致。因此，为了克服这种现象，继续提高速度，就应做到以下几点：

（1）加强基础训练，使运动员掌握好基本技术，提高全面身体素质水平，扩大机体能力，为提高专项能力打下扎实的基础，这可使速度障碍来得迟些。

（2）训练手段多样化，以不同的节奏和频率完成动作，建立中枢神经系统灵活多样的条件反射，可以防止与缓解速度障碍。

（3）如果已经出现"速度障碍"现象，就应有计划、有针对性地提高身体素质，改进技术，加大训练量和训练强度，加大刺激，利用自然条件或人工器械等手段同"速度障碍"做斗争。例如，简化训练轻投掷、重器械；利用斜坡跑道短助跑起跳；上下坡跑、变速跑、顺风跑等，改变已习惯的动力定型，改变中枢神经系统的反射联系，建立新的条件反射。

（七）速度素质训练应结合运动员的专项进行

例如，短跑运动员的反应速度训练应着重提高听觉的反应能力、球类运动员应着重提高视觉的反应能力、体操运动员应着重提高皮肤触觉的反应能力。一般人视、听、触觉之比，触觉反应最快，听觉反应次之，视觉反应较慢。动作速度训练应与各专项的技术相结合，让运动员在速度训练中能感觉到躯干等各部位的协调配合及在空间、时间方面的速度节奏，发展专项技术所需要的动作速度的能力。因此，必须正确选择与专项技术在结构上相似的训练手段及练习。

第六章　篮球运动耐力素质训练实践

第一节　篮球运动耐力素质内容

一、耐力素质的概念

耐力素质是指人体在长时间进行工作或运动中克服疲劳的能力，也是反映人体健康水平或体质强弱的一个重要标志。

疲劳是一种生理现象，有机体经过长时间的活动，必然要产生疲劳，使其工作能力下降，限制了运动的时间及水平的发挥，这是有机体的一种自我保护。但是，疲劳又是提高有机体工作能力所必需的，它是有机体机能恢复与提高的刺激物，没有疲劳的刺激，机体机能就不会得到提高。

疲劳产生的原因是由多方面的因素造成的：长时间的活动后，体内能量物质大量被消耗，又得不到及时补充，于是产生疲劳；活动后某些代谢产物（如乳酸等）在肌肉中大量堆积使肌肉收缩能力下降，造成肌肉疲劳；活动后血液中 pH 下降，细胞外液水分和离子浓度以及渗透压发生变化，使内环境稳定性失调从而导致疲劳。由于以上因素的变化，使皮层神经细胞能力降低，神经活动过程抑制占主导地位，形成大脑皮层的保护性抑制，出现疲劳。根据不同的工作特征，疲劳可分为脑疲劳和体力疲劳。不过在体育运动中，更值得重视的是体力上的疲劳。当疲劳出现时，运动速度、力量、神经肌肉的协调配合能力就会下降，从而导致灵敏性和动作准确性降低，妨碍技术水平的正常发挥，甚至会导致动作失败，影响运动效果。因此，提高运动员克服疲劳的能力，在运动实践中非常重要。

二、耐力素质的分类与特点

根据分类的方法、角度不同，耐力素质可划分成如下种类。

根据活动持续的时间，可把耐力素质分为短时间耐力、中等时间耐力和长时间耐力。短时间耐力主要指持续时间为 45 秒～2 分钟的运动项目（如 400 米跑、800 米跑）所要求的耐力。运动中的能量供应主要通过无氧过程提供，氧债很高。400 米跑能量的 80％由无氧系统提供，800 米跑中能量的 60％～75％由无氧系统提供。中等时间耐力主要指持续时间为 2～8 分钟的运动项目所需要的耐力。其强度小于短时间耐力项目而大于长时间运动项目，供氧不能全部满足需要，会出现氧债。3000 米跑中无氧系统提供约 20％的能量，1500 米跑中能量的 50％由无氧系统提供。通过有氧和无氧的混合过程提供运动所需要的能量。长时间耐力是指持续时间超过 8 分钟的运动项目所需要的耐力。整个运动过程，人体心血管和呼吸系统高度行动，心率、每分钟心排血量、肺通气量都达到相当的程度，来保证运动的有氧过程。

根据与专项运动的关系，耐力素质可分为一般耐力与专项耐力。一般耐力是指运动员有机体各器官系统长时间协调工作的能力，并包括以下特征：工作持续时间长，不间断，大肌肉群参加工作，运动强度相对不大，心血管系统的功能与活动形式与时间相适应。专项耐力是指运动员有机体为了提高专项成绩，最大限度调动机能能力，长时间地承受专项负荷，并保持工作的能力。专项耐力的主要特征是突出体现专项特点，满足专项运动的需求。例如，短跑项目需要保持较长时间快速跑的专项耐力，举重与体操项目则需要保持较长时间发挥力量能力的专项耐力。一般耐力和专项耐力之间存在着密切的相互关系，由于一般耐力是在多肌群、多系统（中枢神经系统、心肺系统）长时间工作的条件下形成的，这就已经为专项耐力的发展创造了良好的条件。无论专项特点如何，良好的一般耐力水平都有助于运动员在专项耐力的发展中获得成功。所以，也常把一般耐力看成是专项耐力发展的基础。

根据器官系统的机能，耐力素质可分为心血管耐力和肌肉耐力。心血管耐力是循环系统保证机体长时间肌肉活动时营养和氧的供应以及运走代谢废物的能力。心血管耐力是影响耐力素质最重要的内在因素。根据运动时能量供应中氧参加的程度，心血管耐力可分为有氧耐力、无氧耐力、有氧无氧混合耐力和缺氧耐力。有氧耐力是指机体有氧供应比较充足的情况下的耐力。无氧耐力是机体在氧供应不足有氧债情况下的耐力，无氧耐力又可以分为乳酸供能无氧耐力（糖原无氧酵解供能）和非乳酸供能无氧耐力（ATP、CP 分解供能）。有氧无氧混合耐力是指机体在具有有氧和无氧双重情况下的耐力。缺氧耐力是机体在严重缺氧或处于憋气状态下的耐力。肌肉耐力是指运动员肌肉系统在一定的内部与外部负荷的情况下，能坚持较长时间或重复较多次数的耐力。肌肉耐力和力量水平的发展关系极为密切，发展肌肉的最大力量能有效地促进肌肉耐力水平的提高。根据运动时参与工作的肌肉群数量或身体活动部位，肌肉耐力可分为局部耐力和全身耐力。

根据肌肉的工作方式，耐力素质还可分为静力性耐力和动力性耐力。静力性耐力是指有机体在较长时间的静力性肌肉工作中克服疲劳的耐力。动力性耐力则指有机体在较长时间的动力性肌肉工作中克服疲劳的耐力。

在上述耐力素质分类体系及有关运动项目的耐力素质训练中，最有意义的是有氧耐力、无氧耐力、肌肉耐力、一般耐力和专项耐力的分类体系及其训练。

三、耐力素质的意义

（1）通过耐力训练，提高运动员的呼吸系统、血液循环系统的功能，从而提高抗疲劳的能力。抗疲劳能力越强，有机体保持持久的高水平运动的能力越强，这对创造优异成绩无疑是有利的。

（2）通过耐力训练，呼吸及心血管系统机能得到发展，血氧供应充分，必定使机体能量物质的储备增多，使有关生理、生化功能提高，这能促进及加速训练后消除疲劳的过程。机体快速恢复可以使训练间歇缩短，增加重复次数，有利于完成大强度大运动量的训练任务。

（3）经过合理的耐力训练，运动员提高了抗疲劳及疲劳后机体快速恢复的能力，使大脑皮层中兴奋与抑制过程有节奏的交替能力也很快恢复与提高，再加上有充足的能量物质的供应，这都成为其他素质（力量、速度、灵敏度等）发展的物质基础，并促进其他素质的发展。所以现代的运动训练中，在儿童、少年时期就逐步进行耐力素质的训练，改变了以往的传统观念。

（4）耐力训练还可培养运动员坚毅、顽强、勇于克服困难的意志品质，这对运动员的心理素质的培养及技术、战术的发挥很重要。随着科学技术的发展，竞技场上人才辈出，现代的运动竞赛更为紧张激烈，运动员消耗的体能比以往更多，所以比赛不仅是比技术、比战术，很大程度上也是比体力、比意志。所以说运动员如果没有良好的耐力素质，无论在体力上、心理上以及技术、战术的发挥上，都很难适应当今高强度比赛的需要。因此，目前对运动员耐力素质训练的认识应提高到一个新的地位。

四、影响耐力素质的因素分析

耐力素质与人体其他身体素质密切相关，它是一种多因素的能力。因此，耐力素质的发展水平也受到多种因素的影响。

（一）中枢神经系统的功能

中枢神经系统的功能对耐力素质有很大的影响。在耐力练习中，神经系统的活动特点是兴奋与抑制长时间的保持有节律的转换，这种转换是形成人体能够长时间工作的首要条件。此外，中枢神经系统通过交感神经对肌肉、内部器官和各神经中枢起到适应与协调作用，如各神经中枢间的协调性程度，神经中枢与运动系统间的协调性程度，运动系统间的协调性程度等，对提高肌肉活动的耐力水平具有重要意义。除此之外，中枢神经系统还能通过神经体液的调节，提高人体的耐力素质水平。例如，加强肾上腺素的分泌和肾上腺皮素激素的分泌，使心血管系统和肌肉工作能力提高，从而提高耐力水平。从上可知，中枢神经系统的功能对耐力素质有制约作用。反过来，耐力素质的训练又能促进神经系统有关方面功能的提高。这一点在发展耐力素质过程中要引起充分重视。

（二）个性心理特征

运动员的运动动机与兴趣，在运动活动中的心理稳定性以及主观努力程度、自持力和忍耐力等都直接影响耐力素质水平的发展。特别是忍耐力与耐力素质的关系更为密切。所谓忍耐力是指人体忍受有机体发生变化后的能力。忍耐力的大小和有机体发生变化的程度以及对其的忍受时间长短有关。忍耐力越大，也就越能长时间地忍受有机体发生的剧烈变化。例如，在以强度为主的长时间练习中，有机体会发生很大的变化（如缺氧、酸性物质堆积等），在这种情况下如果运动员的忍耐力不能忍受这种变化，练习就将中止，耐力素质的发展也只能停留在一定的水平上。一般来说，耐力素质要得到最大限度的发展，就必须利用充分调动起来的忍耐力去克服耐力发展过程中一个又一个的"极点"。

（三）最大吸氧量

最大吸氧量是指在运动过程中，人体的呼吸和循环系统发挥出最大机能水平时，每分钟所能吸取的最大氧量。最大吸氧量的大小对耐力素质的影响十分明显。因为最大吸氧量本身就是反映有氧耐力水平的一个重要指标。最大吸氧量越大，有氧耐力水平也就越高。在有氧过程为主的运动项目中，运动员的最大吸氧量明显大于其他人（表 6-1）。同样，最大吸氧量水平越高，耐力性运动的成绩就越好（表 6-2）。

表 6-1　不同专项男子最大吸氧量统计

专项	例数（人）	最大吸氧量	
		升/分钟	毫升/（公斤体重·分钟）
马拉松跑	9	3.95	68.2

专项	例数（人）	最大吸氧量	
		升/分钟	毫升/（公斤体重·分钟）
长跑	9	4.10	68.7
中跑	7	3.87	64.5
体育学院学生	47	3.657	55.06
体育爱好者	9	3.47	53.0

表 6-2　最大吸氧量与径赛成绩的相互关系

项目	100 米	200 米	400 米	800 米	1500 米	5000 米	10000 米
相关系数（γ）	0.047	0.144	0.052	0.472	0.478	0.791	0.823

最大吸氧量在很大程度上受遗传影响。除此之外，最大吸氧量与肺的通气机能、氧从肺泡向血液弥散的能力、血液结合氧的能力、心脏的泵血功能、氧由血液向组织弥散的能力、组织的代谢能力等也有十分密切的关系。在以上诸多因素中，具有明显可控量化指标的是血液结合氧的能力。血液结合氧的能力可通过血液中血红蛋白的含量来反映。血液中血红蛋白含量越高，血液结合氧的能力越大。

（四）有机体的能量储备与供能能力

有机体活动时的能量供应和能量交换的程度，在某种意义上取决于各种能量储备的大小和能量交换过程的动员水平。能量储备越大，耐力发展的潜力也越大。例如，肌肉中磷酸肌酸（CP）、糖原的含量增多，有利于无氧、有氧耐力水平的提高。肌肉中的 CP 储备能保证速度耐力活动中的能量供应；而肌肉中的糖原储备则是耐力活动中能量供应的主要方面。能量供应的速度主要在于能量交换的速度，耐力素质高的运动员，其体内能量交换的速度也快，从而保证了能量供应在人体活动中不间断。能量交换的速度主要和各种酶系的活性有关，耐力素质训练能有效地提高各种酶系的活性（如肌酸激酶、乳酸脱氢酶、氧化酶等），加快 ATP 的分解与合成速度。

（五）有机体机能的稳定性

有机体机能的稳定性是指有机体的各个系统在疲劳逐步发展、内环境产生变化时，机能积极性仍然保持在一个必要的水平上。由于耐力活动会产生大量乳酸，乳酸的逐渐堆积也会引起肌肉组织和血液中的 pH 下降，因此造成一系列人体机能能力下降的现象。例如，神经肌肉接点处兴奋的传递受到阻碍，影响冲动传向肌肉；酶系的活性受到限制，使 ATP 合成速度减慢；钙离子浓度下降，肌肉收缩能力降低等。由此可见，有机体机能的稳定性往往取决于有机体的抗酸能力，抗酸能力越强，稳定的程度就越高，时间也越长。影响有机体抗酸能力的因素有许多，但主要和血液中的碱储备有关。碱储备是缓冲酸性的主要物质，习惯上以血浆中与碳酸结合的碱含量来表示。运动员的碱储备比未受过训练的人高出 10% 左右，这对提高运动员的抗酸能力，保持机能稳定性是有利的。

（六）有机体的机能节省化

耐力素质的水平还取决于有机体的机能节省化程度。机能节省化和有机体能量储备的利用率有很大关系。耐力活动过程中，各种协调性的完善、体力的合理分配都能有效地提高能量储备的利用率。例如，协调性的完善可以减少不必要的能量消耗，体力的合理分配则可以提高能量的合理利用程度（匀速能量消耗少，变速能量消耗大）。总之，高度的机能节省化，能使人体在活动时单位时间内能量消耗减少到最小的程度，从而保证人体长时间的活动。

（七）耐力素质取决于红肌纤维数量

人体肌肉纤维的类型及数量对耐力素质也有影响。据研究，肌肉中红肌纤维因含血红蛋白多，线粒体多，氧化酸化供氧能力强，收缩速度虽慢但能持久，适宜有氧耐力训练。据测定，耐力性项目运动员肌肉中红肌纤维占的比重极大。优秀的长距离游泳运动员的三角肌中，红肌纤维可达 90% 左右。所以红肌纤维占优势的人，为发展耐力素质提供了物质条件。

（八）速度的储备能力

速度储备即以较少的能量消耗保持一定速度的能力。这也是影响耐力特别是影响专项耐力的因素之一。在周期性运动项目中，其重要作用尤为突出。例如，一名 100 米跑 10.5 秒的运动员，跑 400 米成绩达到 50 秒是很容易的，他的速度储备指数是 50 秒÷4－10.5 秒＝2 秒；而一名 100 米跑 12 秒的运动员，如 400 米成绩要达到 50 秒是很困难的，因为他的速度储备指数只是 50 秒÷4－12 秒＝0.5 秒。这就是说，如果运动员能以极快的速度跑完一个短距离，也能更容易地以较快的速度跑完较长的距离。因为速度储备较高的运动员能以较少的能量消耗保持一定的速度，达到轻松持久的效果，这是中距离项目运动员所要求的专项耐力。

除此之外，运动技能水平的高低、体型、性别、体温等因素也都会在不同程度上影响耐力素质的水平。

第二节　篮球运动耐力素质训练方法

一、耐力素质训练方法

耐力素质训练的方法较多，而且各种方法都有其各自的特点。总的来说，这些特点基本上又体现在耐力素质训练过程中，在训练强度、持续时间、间歇时间与方式、重复次数等因素的组合与变化上。目前，常用的耐力训练方法主要有以下几种（图 6-1）。

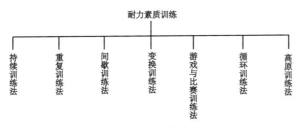

图 6-1　耐力素质训练的一般方法

（一）持续训练法

持续训练法是指在训练过程当中每次或每组之间没有间歇的训练方法。持续训练法由于持续时间较长，又没有明显的间歇，所以总的练习负荷量较大。但是练习时的强度较小，而且比较恒定，变化不大，一般在 60% 的强度上下波动。训练对机体产生积累性的刺激比较和缓。持续训练时，内部负荷心率一般控制在 140～160 次/分钟为宜，优秀运动员可达

160～170次/分钟。

构成持续训练法基本要素是重复训练的方式、时间与强度，在方式固定的情况下，训练的时间与强度可做相应调整，如训练强度大，时间可缩短；如训练强度小，则适当延长训练时间。

（二）重复训练法

重复训练法是指不改变动作结构和外部负荷表面数据，在相对固定的条件下，按照既定间歇要求，在机体完全恢复的情况下反复进行训练的方法。重复训练法能量物质的代谢活动得到加强，并产生超量补偿与积累，有利于发展有氧耐力。

重复训练每次的负荷量与强度可大可小，根据具体任务、目的而定。由于每次训练前均需恢复到原来开始训练前的水平，即心率在100～120次/分钟，故每次训练可以保证强度在中等偏大或极限强度（90%～100%）范围内，从而有机体的耐力水平得到有效的提高。例如，长时间的重复训练，强度稍大于持续练习法，有利于有氧耐力的提高，而强度在90%以上的训练，则有利于无氧耐力的发展。

（三）间歇训练法

间歇训练法是指在一次（或一组）训练之后，按照严格规定的间歇负荷和积极性间歇方式，在机体未完全恢复的情况下从事下一次（或一组）训练的方法。

间歇训练法与重复训练法较相似，主要区别在于间歇上的不同要求。重复训练法的间歇是采用完全恢复的间歇负荷和无严格规定的间歇方式（多以消极性的静息为主）进行的。而间歇训练法则是以未完全恢复的间歇负荷和积极性的间歇方式进行的。运动员总是在未完全恢复的状态下进行下一次训练，有明显增强的疲劳，对机体的刺激强度较大，间歇训练法间歇后心率一般在120次/分钟以上，明显高于重复训练法，但其训练强度因间歇负荷水平较高而无法达到重复训练法的水平。训练时一般心率在170～180次/分钟，负荷强度70%～80%，有利于提高机体的心肺功能和无氧代谢能力。

间歇训练法的持续时间与训练强度之间形成一种对应关系，强度大、时间少；强度小、时间稍长。据此间歇训练法可分为"低强度间歇训练法"和"高强度间歇训练法"。

低强度间歇训练法也称非强化间歇训练法，其负荷在周期性项目中，一般为本人最大强度的60%～80%，在非周期性项目中为50%～60%，负荷持续时间为45秒至1分半钟，此方法有助于发展有氧混合代谢能力和专项能力。

高强度间歇训练法也称强化间歇训练法，其负荷强度在周期性项目中一般为本人最大强度的80%～90%，在非周期性项目中为70%～80%，每次训练的时间因强度较大而相对较短，为15秒到1分钟。这种方法对发展速度耐力和专项耐力均有较大作用。在周期性项目中运用时，可用小段落和短间歇的方式进行安排，这有助于提高机体无氧非乳酸代谢能力。

在练习时要严格掌握间歇时间和间歇方式。当心率降低到120～140次/分钟时，必须及时让运动员进入下一次训练，心率不低于140次/分钟，心脏每搏输出量和耗氧量达最大值，最有利于提高心肺功能。心率降到120～140次/分钟时，一般占训练后完全恢复时间的一半不到。如果训练后完全恢复的时间为3分钟，那么未完全恢复的时间在1分钟之内。至于积极性的间歇方式可采用走、慢跑、活动性体操等形式，采用积极性的休息方式能对肌肉中的毛细血管起到"按摩作用"，使血液尽快回流心脏，再重新分配到全身，由此迅速排除机体中堆积的酸性代谢产物，以利于下一次练习。

构成间歇训练法的基本要素有训练的数量、强度、间歇的时间与方式、重复次数等。不同的训练目的对这些训练的组合变化要求也不相同。如以周期性项目中跑的训练为例，发展一般耐力时，每次训练的距离要长，组数要多，中小强度；发展力量耐力时，负重量较轻、中等强度；训练次数和组数较多。又如，可在训练中提高每次训练的强度（适用于周期性短跑项目和举重项目），增加重复训练的次数（适用于周期性长跑项目和举重项目）和调整间歇时间等基本要素，加大对运动员机体的刺激，贯彻超量负荷原理，从而提高有机体的机能能力。

（四）变换训练法

变换训练法是在变化各种因素的条件下反复进行训练的方法。由于耐力训练比较枯燥，采用变换训练法可以在一定程度上提高运动员的训练兴趣和积极性，从而提高训练的效果。

变换训练法所变换的因素一般有训练的形式、训练的时间、训练的次数、训练的条件、间歇的时间与方式、负荷等。以上因素只要改变其中一个因素，就会由于这一因素的变化对运动员机体造成负荷刺激的变化。因而变换训练法的核心是变换运动负荷。

"法特莱克训练法"是变换训练的一种特殊形式，也可以理解是一种由持续训练法和变换训练法综合而成的组合训练法。其特点是在各种变换的外界自然环境条件下进行持续、变速的跑的训练，时间长达 1～2 小时，强度自我调节，有节奏的变化。例如，在草地、树林、小丘、小径等自然环境条件下，把快慢间歇跑、重复跑、加速跑和走等方法不规则地混合起来训练，跑的距离可为 5～15 千米。法特莱克训练对训练的过程没有明确的限制，运动员可自由选择地形、确定速度和路线。因此，这种方法能使耐力训练变得较为生动，使得运动员在训练中能主动投入，积极进取，有利于发展一般耐力。

变换训练法可以提高训练的兴趣和积极性，在运用时要注意贯彻循序渐进原则，各种因素的变换，开始不能太突然，以免机体一下子不能适应，导致受伤。

（五）游戏与比赛训练法

游戏与比赛训练法是指运用游戏与比赛的方式进行训练的方法。这种方法能较快地提高运动员训练的兴趣和积极性，并在训练中充分发挥主动精神，使机体能够承受较大强度的负荷，有利于提高有氧耐力和无氧耐力。

游戏法与比赛法是两种紧密联系的训练方法，比赛法是从游戏法发展而来的，但训练强度大于游戏法。故儿童少年时期发展耐力的方法不采用比赛法，一般由玩耍性的游戏训练逐步过渡到带有比赛性质的游戏训练。生长发育过程基本成熟后，就可采用比赛法来加大训练的强度，从而提高专项耐力水平。

发展耐力素质的游戏法有球类游戏和田径游戏，常用的比赛法有训练课中安排的"训练赛"和"对抗性训练"等。无论是游戏法还是比赛法，都容易激发运动员的训练热情，以至于难以控制自己。因此，采用游戏与比赛训练法时，应控制运动员的热情，掌握好运动负荷，以免因过于兴奋和体力消耗过大而造成有机体损伤或机体工作能力下降。

（六）高原训练法

高原训练法主要利用高原空气稀薄，在缺氧情况下进行训练。这有利于刺激机体，改善呼吸及循环系统的机能，提高最大吸氧能力，刺激造血功能，增加循环血中红细胞和血红蛋白的数量，提高输氧能力。因而高原训练具有提高运动员对氧债的承受能力，进而提高有氧耐力和无氧耐力的水平。

（七）循环训练法

循环训练法时的各站内容及编排，必须符合专项特点的要求进行选择和设计，同时应根据"渐进负荷"或"递增负荷"的原则安排训练。

以上所介绍的耐力训练方法基本上是单一类型。在实际发展耐力素质的训练过程中，往往还要采用综合训练法，即组合练习法和循环训练法。通过各种方法的综合排列，使得训练过程变化更大，更具选择性，从而有效提高耐力水平。

二、发展耐力素质的注意事项

（一）耐力素质训练应遵循人体生长发育的规律

耐力素质的发展水平与其他素质一样，在相当程度上受到人体生长发育水平的影响。如果耐力水平与生长发育水平不一致，非但不能收到良好训练效果，可能还会严重地损害人体健康。因此，根据运动员的发育水平，合理地安排耐力训练，是发展耐力素质过程中一个非常重要的方面。一般来说，儿童、少年时期正处于一般耐力和有氧耐力的敏感发展期，在这期间可进行一般耐力和有氧耐力的训练。男 14～16 岁，女 13～14 岁以后进入无氧耐力的敏感发展期，这时就可进行无氧耐力的训练。另外，耐力练习时的负荷安排也是一个重要因素，通常以 130、150、170 次每分钟的心率指标作为儿童、少年小、中、大的适宜负荷强度标准。青春期后，负荷要求就要大得多。此外，耐力训练方法与手段的采用，也要根据不同对象的生理心理特点，从实际出发。

（二）注意在耐力素质训练中体现个体化特点

要最大限度地发展耐力水平，就必须在训练中体现大负荷训练的原则。然而，由于运动员之间训练程度、机能水平、项目要求等方面都存在着不同的差异，因此，耐力训练的方法与手段应有所不同。而且训练的强度、训练的持续时间、间歇的时间与方式以及重复训练的次数也应根据实际情况具有差异性。

（三）耐力训练中应注重呼吸方法、节奏和深度

发展耐力素质，特别是发展有氧耐力水平，正确的呼吸是十分重要的。呼吸的作用在于摄取发展耐力的必要氧气。机体摄取氧气是通过呼吸频率和加深呼吸深度来实现的，二者之间，后者更为重要。耐力训练对氧气的需求量大，运动员更应重视呼吸问题。有训练的运动员的呼吸，并不是靠加快呼吸的频率，而是以加深呼吸的深度，特别是呼气的深度。只有呼气深，呼吸道中的 CO_2 吐得多，才能吸进更多的氧气。同时应培养运动员用鼻子呼吸的习惯（游泳除外），因为鼻腔有黏膜可以净化空气，也可以使氧气暖和一些再吸入气管，还可减少尘埃和冷气进入肺部。有人还认为用嘴呼吸会出现以横膈膜升降的浅呼吸，用鼻呼吸就可避免这种现象。

对各项目的运动员都应注意训练他们呼吸的节奏与动作节奏的协调一致，呼吸节奏紊乱，就会使动作节奏遭到破坏，也会使能量物质的消耗增加，不利于耐力水平的提高。

（四）耐力训练中注意激发练习者的主动性

运动员在训练中是否主动投入，对训练的效果有很大的影响。主动投入时，中枢神经系统、内脏系统和肌肉系统等都能处在一个良性状态下，为机体承受较大的运动负荷创造了非常好的条件，有利于耐力水平的提高。耐力训练中影响训练主动性的因素较多，主要是和兴趣、意志品质、目标追求、思想认识等有关。所以，耐力训练除了采用多种多样的方法与手段激发运动员的兴趣外，还要注意培养运动员吃苦耐劳、坚韧不拔的意志。另外，也可用生动的例子说明耐力水平与运动成绩之间的关系，使运动员从思想上加深对耐力训练的认识，并融于行动之中。提高运动员的训练主动性还可通过建立逐级目标来达到，根据运动员的实

际情况，制订合理的逐级目标，每当运动员达到一个目标，就及时给予表扬和鼓励。这样做能有效地提高运动员的训练信心，可使运动员以更大的热情主动投入耐力训练之中。

（五）注意有氧耐力训练与无氧耐力训练相结合

有氧耐力和无氧耐力虽然在代谢过程中表现出较大差异，但是两者存在着非常密切的关系。有氧耐力是基础，无氧耐力的发展是建立在有氧耐力提高的基础上。通过有氧耐力练习能使心脏体积增大，每搏输出量提高，从而为无氧耐力的发展打下坚实的基础。如一开始便是无氧耐力训练，就很难提高每搏输出量，还会影响全身血液的供给，对今后发展不利。反过来，发展有氧耐力过程中，穿插一些无氧耐力训练，能改善运动员的呼吸能力和循环系统的功能，这有利于提高机体输送氧气的能力，对提高有氧耐力水平极为有利。由此可见，有氧耐力和无氧耐力之间是相互联系，相互促进的。所以，在耐力训练中要注意两者的结合，至于有氧耐力训练和无氧耐力训练的比例，应视实际情况而定。

（六）耐力训练要根据各专项的特点要求，科学地安排运动负荷，有的放矢地进行训练

耐力训练的实践证明，不同强度的负荷对发展某一代谢能力作用不同。例如，短跑运动员必须在有氧代谢能力的基础上，重点发展无氧代谢能力，以短距离大强度负荷为主。马拉松运动员必须重点发展有氧代谢能力，以强度不大的慢跑为主。不同强度的负荷对人体内有氧及无氧代谢供能上比例不同。

（七）发展耐力素质时，应严格技术要求

长时间进行有氧耐力训练时，对运动员的技术动作有严格要求，使之保持正确、协调、运用自如、准确。这可使神经系统的兴奋与抑制过程合理、稳定，有节律地交替，从而推迟疲劳的产生。

（八）耐力训练后应注意消除练习者的疲劳，使其尽快恢复

耐力训练时间长，消耗的能量大，所以训练后积极补充能源物质很重要，它能使练习者机体更快地恢复及获得超量能源的储备。另外，还要采取有效的措施和手段，使疲劳的肌肉及神经系统得以放松和极早消除疲劳，为下次训练创造条件，这对耐力性项目的运动员极为重要。因为恢复性措施及恢复性训练，直接影响系统训练及大运动量训练的效果。

（九）在耐力训练中要注意加强医务监督

由于耐力练习时间较长，运动负荷较大，对人体各系统的影响也比较深。如果运动员在健康水平不佳或者机能能力有障碍的情况下，进行大负荷的耐力训练，就容易对人体各系统的功能造成严重的损害。所以在耐力训练时加强医务监督就非常必要。耐力训练中的医务监督一般包括两方面的内容：一是练习前的机能评定，简单的有血压、心率情况以及运动员的自我感觉等；二是练习时运动员对负荷安排的承受情况，如重复动作的变异程度、运动员训练时的面部表情等。一旦发现异常情况就应根据实际情况，或减量或中止训练，以防不测。

第七章　篮球运动柔韧素质训练实践

第一节　篮球运动柔韧素质内容

柔韧素质是人体的一项重要身体素质。发展柔韧素质不仅可以加大动作幅度，使动作更加优美、协调，而且能加大动作力量，减少受伤的可能性。因此，正确地进行柔韧素质训练，对于提高运动技术水平具有重要的意义。

一、柔韧素质的概念

柔韧素质是指人体关节活动幅度的大小以及跨过关节的韧带、肌腱、肌肉、皮肤及其他组织的弹性和伸展能力。柔韧素质包括两个方面的含义：一个是关节活动幅度的大小，一个是跨过关节的肌肉、肌腱、韧带等软组织的伸展性。关节的活动幅度主要取决于关节本身的装置结构。跨过关节的肌肉、肌腱、韧带等软组织的伸展性，则主要通过合理的训练获得。

关节是指骨关节，它是骨杠杆转动的枢纽，是肢体灵活与赖以活动的部位。因为只有通过关节角度的变化来传力、受力才能使人体产生复杂多变的运动形式，所以关节是人体固有的解剖结构。虽然骨关节结构具有解剖特点，并有其自然的生理生长规律，但如不经锻炼，其关节活动不会适应体育运动的需要。同样跨过关节的肌肉、肌腱、韧带也有其自然生理生长规律，如不经训练也只能维持自然生长情况下的活动能力。因此，只有通过体育锻炼，跨过关节的肌肉、肌腱、韧带及所跨的关节，在中枢神经支配下共同改变其功能，以适应体育运动所需要的形式、方向、范围和幅度。

关节幅度是指构成关节的骨骼在其关节结构内屈、伸、旋内、旋外，旋转的最大可能范围是遵循生理解剖规律而定的，一般不从事体育运动时，没有必要达到最大范围，但体育运动中大部分动作需要尽可能地达到其最大范围以利于技术的发挥。因此，只有通过合理的柔韧训练才能使关节的活动幅度逐渐加大以适应体育运动的需要。

中枢神经支配下的肌肉，韧带力量的增长必须与所控制的关节活动范围相适应，不能因肌肉过分增大而影响关节活动幅度，也不能因肌肉、韧带过分伸展而造成关节的松弛无力。

可见，体育运动中的柔是指肌肉、韧带拉长的范围，韧是指肌肉韧带发挥的力量，控制关节不受损伤的最大活动幅度，柔和韧的结合便是柔韧，发挥的能力便是柔韧素质。

二、柔韧素质的分类及特点

人们通常把柔韧素质简称为柔韧性。但不能把柔韧性和柔软性混为一谈，虽然两者都可用肢体活动幅度的大小来衡量，可是它们在实质上是有区别的：从字义上讲，柔韧是既柔和又坚韧，即柔中有刚，刚柔相济；而柔软只是柔与不硬，或柔中无刚，刚柔不济。从性能上看，柔韧是在幅度中还含有速度和力量的因素，即在做大幅度动作时，肌肉仍能快速有力地收缩，就像钢丝一样，既能弯曲又能迅速伸直。而柔软只是幅度大，却缺乏速度和力量，做动作时软绵绵的，打得开却收不拢。体育运动中需要的是柔韧性而不是柔软性。柔韧素质的分类见图 7-1。

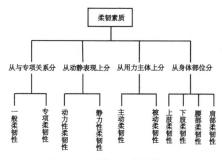

图 7-1　柔韧素质的分类

柔韧素质从其与专项的关系看，可分为一般柔韧性与专项柔韧性。一般柔韧性是指为适应一般技能发展所需要的柔韧素质。专项柔韧性是指专项运动特殊需要的柔韧性，专项柔韧性是具有较强选择性的，因此，同一身体部位具有的柔韧性由于项目的需求不同，在幅度、方向等表现上也有差异。

柔韧素质从动静表现看，可分为动力性柔韧性和静力性柔韧性。动力性柔韧性是指肌肉、肌腱、韧带根据动力性技术动作需要，拉伸到解剖学允许的最大限度能力，随即利用强有力的弹性回缩力来完成所要完成的动作。所有爆发力前的拉伸均属于动力性柔韧性。静力性柔韧性是指肌肉、肌腱、韧带根据静力性技术动作的需要，拉伸到动作所需要的位置和角度，控制其停留一定时间所表现出来的能力。例如，体操中的控腿、俯平衡动作、"桥"、劈叉，体育舞蹈中的各种造型，跳水运动员保持体前屈的姿势等就是这种能力的体现。动力性柔韧性建立在静力性柔韧性的基础上，但必须要有力量素质的表现。静力性柔韧性好，动力性柔韧性不一定好。

从用力主体上看，柔韧素质又分为主动柔韧性和被动柔韧性。主动柔韧性是人在主动运动中表现出来的柔韧素质水平。被动柔韧性则是在一定外力协助下完成或在外力作用下（如教练员协助运动员做压腿练习）表现出来的柔韧水平。主动柔韧性不仅反映对抗肌的可伸展程度，而且也可反映主动肌的收缩力量。一般来说，主动柔韧性比被动柔韧性要差，这种差距越小，说明柔韧素质的发展水平越均衡。

从柔韧素质在身体不同部位的表现看，又可分为上肢柔韧性、下肢柔韧性、腰部柔韧性、肩部柔韧性等。

三、柔韧素质在运动实践中的意义

根据人体生理解剖结构，柔韧性包括四肢和躯干各关节的柔韧性。其主要关节有：肩、肘、腕、胯、膝、踝及脊柱等各关节。柔韧性的训练就是对上述各关节灵活性的练习。在体育运动中，因项目不同对各关节活动幅度要求的程度也就不同。但各关节全面柔韧性的发展是基础，只有在全面发展的基础上，才能突出本专项需要的关节部位柔韧性的重要性。篮球运动员腕部柔韧性要求较高，如果腕部柔韧性差，扣球时将使球失去方向和全身传递于手应有的力量。因此，全身各关节的柔韧性在每一个动作中都有其具体作用，哪一个部位差都会影响动作的掌握和技术的发挥。因此，各关节柔韧性的发展是相互交替促进的发展。有的项目，因专项技术的需要对全身各关节的柔韧性要求都很高。例如，篮球项目不仅对肩、腰、胸、胯、腿有较高的柔韧性要求，甚至对脚面的柔韧性也有较高的要求。可见，柔韧素质对各项运动技术的掌握和发挥具有重要的作用，其具体作用如下：

（1）加大运动幅度，有利于肌力和速度的发挥。

（2）提高关节的灵活性，增加动作的协调优美感，可获得最佳的机能水平。

（3）加速动作掌握进程，有利于技术水平的提高，使技术动作显得轻巧、灵活，更加协调和准确。

（4）防止、减少伤害事故的发生，延长运动寿命。

（5）柔韧素质是各运动项目选材的重要依据之一。

四、影响柔韧素质的因素分析

通过研究人体结构及其他有关情况得知，影响柔韧素质的因素是多方面的，主要有骨关节结构，跨过关节的肌肉、肌腱、韧带等伸展性，关节周围组织的大小、年龄及性别，以及活动水平、温度、疲劳程度等。了解这些因素，能掌握发展柔韧素质的规律，正确运用发展柔韧素质的练习方法、手段是提高效益所必需的，同时对于防止受伤和少走弯路也有好处。影响柔韧素质的主要因素如下。

（一）骨关节结构

骨关节结构是依据人体生理生长规律需要而形成的，这种结构装置是被限定的。因此，关节运动幅度被限定在一定范围之内，通过训练是难以改变的。它们的活动范围是根据关节头和关节窝两个关节面之差所决定的，两个关节面之差越大，关节活动幅度也就越大。但骨关节结构因人而异有一定的差异。如肘关节中的肱尺关节，它可使肘屈伸幅度被固定在140°（因肱骨臼的幅度为320°，尺骨半月切迹的角度为180°，它们之差为140°）。如果鹰咀突较长会使肘关节不能完全伸直，其伸展受到一定影响；如果鹰咀突较短，又会使肘关节过分伸展出现倒弯。这种骨关节结构的生长是先天的，各自差异的骨关节结构通过训练是难以改变的。但通过训练可以使各个关节达到它最大的活动范围，充分挖掘其潜力。而不训练的人，各个关节具有的活动潜力非但不能发挥，并且还会消退。

关节运动轴决定关节的灵活性。例如，指关节是单轴关节，只能屈伸。腕关节是双轴关节，可屈伸、内收、外旋、绕环。可见腕关节比指关节灵活。

（二）跨过关节的肌肉、肌腱、韧带

关节的加固主要是肌腱和韧带，肌肉从关节外部补充加固关节力量，控制关节活动幅度。韧带本身是抗拉性很强的组织，它主要的作用是加固关节，限制关节在一定范围内运动，从而保护关节不致超出解剖允许的限度而受伤。

在一般活动中，很少达到这种关节面所允许的解剖限度。这是因为与运动方向相反的对抗肌伸展不足造成进一步的限制所致。例如，屈膝伸膝时，当举腿在水平面时可任意屈膝伸膝，可当大腿贴胸开始时，屈膝自如，但伸膝感到困难，这是因为大腿后侧肌群及韧带伸展不足所致。可见发展某一关节的柔韧主要是限制关节活动幅度的对抗肌，使其主动受到牵拉伸展，逐渐增加它们的伸展度，从而扩大了关节的活动幅度。为力求达到解剖的最大限度，就必须完全克服对抗肌的极限力以后仍然拉伸，从而牵拉到肌腱，此时肌腱的拉伸完全受外力拉伸力和对抗肌回缩力的作用而拉伸，从而进一步增强了肌肉、肌腱的弹性和伸展性。

具体发展某一关节的柔韧性时，主要发展控制关节屈、伸肌的伸展性及协调能力。例如，发展膝关节的伸膝能力，主要发展大腿后部肌群及小腿后部肌群的伸展性。发展屈膝能力，主要发展大腿、小腿前部肌群的伸展性。再如发展体前屈的柔韧性，主要发展腰背肌群及大、小腿后部肌群的伸展性。发展体后仰的柔韧性，主要发展肩部肌群、胸大肌、腹肌及大腿前部肌群的伸展性。可见，在发展某一部位柔韧性时，应让屈、伸肌相互协调发展才能提高其关节的柔韧性。因此，增进跨过关节的韧带肌腱和皮肤等伸展性是探求提高柔韧性的重要途径，应予以足够的重视。

（三）关节周围组织的大小

关节周围的肌肉块过大或脂肪过多，都影响柔韧性的提高。例如，肩部三角肌过大，会影响肩关节的活动范围；肱二头肌过大，影响肘关节的弯曲程度等。因此，在练完三角肌和肱二头肌的力量后，要做肩肘部的伸展和放松训练，尽量拉长肌纤维和增强肌肉弹性，从而既能使肩肘部力量加大，又能增强肩肘部的柔韧性。此外，皮下脂肪过多的人，肌肉收缩力量相对较弱，加之脂肪占一定空间体积，影响柔韧的有效幅度。所以大腹便便者，很难做体前屈使手触地动作，只有减少了腹部的脂肪，前屈的幅度才会增大。

（四）年龄与性别

1. 年龄

根据人的生理自然生长规律来看，初生的婴儿柔韧性最好。随着年龄的递增，骨的骨化过程，肌肉的增长，柔韧性逐渐加强。柔韧性的增长在 10 岁以前自然获得发展，10 岁以后随年龄的增长，柔韧性相对降低。特别是髋关节，由于腿的前后活动较多，加之肌肉组织增大，使左右开胯幅度明显下降。因此，在 10 岁以前就应给予应有的柔韧性练习，使其自然增长的柔韧性得到提高。在 10～13 岁这个年龄应充分发展柔韧性练习，因这个年龄是性成熟前期，骨的弹性增强，肌肉韧带的弹性、伸展性仍有较大的可塑性，给予充分柔韧性练习，使各关节幅度达到最大解剖限度，充分提高肌肉韧带的伸展性，这不仅能提高各关节的柔韧性，而且对青春期的身高增长也是有利的。如果在 10 岁以前柔韧性未得到发展，在 10～13 岁这个时期仍可作为柔韧性发展的弥补，仍可获得应有的柔韧效果。超过这个年龄段，将会使运动员经受较大痛苦，费时长、收效慢且易受伤。13～15 岁为生长期，在这个时期，骨骼生长速度超过肌肉的生长，因此，柔韧性有所下降。在这个时期应特别注意身体发育的匀称性，多做全身性的伸展训练，巩固已获得的柔韧效果，不要过分进行柔韧性训练以免拉伤。16～20 岁，由于 13 岁以前获得了良好的柔韧效果，在青春期虽有所下降，但在这个年龄整个身体发育趋向成熟，可加大柔韧负荷、难度，从而在已获得的柔韧基础上，进一步获得。

2. 性别

根据生理解剖特点，男子的肌纤维长，横断面积大于女子，伸缩度较大，全部肌纤维的四分之三强而有力；女子的肌纤维细长，横断面积小于男子，伸展性好，对关节活动限制小，全身仅有一半的肌纤维强而有力。因此，女子关节的柔韧性好于男子。

（五）疲劳程度

当肌肉由于长时间工作产生疲劳时，其弹性、伸展性、兴奋性均降低，造成肌肉收缩与放松的不完善，各肌群不能协调工作从而导致关节柔韧性的降低。

（六）温度

当肌肉温度升高时，新陈代谢加强，供血增多，肌肉的黏滞性减少，从而提高肌肉的弹性和伸展性，柔韧性得以提高。

影响柔韧性的温度有外界环境温度和体内温度，体内温度的调节用于补偿外界环境对机体产生的不适应。例如，当外界环境温度低时，必须做好充分的准备活动，提高肌肉温度，增加柔韧性。当外界环境温度高时，将排除一定量的汗液降低温度，以免肌肉过早出现疲劳，降低关节的柔韧性。一天内的时间与外界温度有关，但更重要的是一天内人体的机能状态不同，会有一定的变化。例如，刚睡醒后柔韧性较差，早晨柔韧性明显下降，中午比早晨好。

（七）神经过程转换的灵活性

神经系统兴奋与抑制过程转换的灵活性与运动活动中肌肉的基本张力有关。特别是中枢神经系统调节对抗肌之间的协调性的改善，以及对肌肉紧张和放松的调节能力的提高。神经过程灵活性高，则肌肉兴奋性强，肌肉、肌腱、韧带的弹性和伸展性好，支配肌肉收缩与放松的能力强，使参与工作的诸多肌肉协调活动，从而使柔韧性提高。

（八）活动水平

不爱活动的人比经常活动的人柔韧性差，其原因是长期坐着不动，膝、髋关节等老是处于特定的位置，会使相应肌群变短和僵硬，导致肌肉韧带的正常伸展性丧失，关节活动范围缩小。另外，不爱活动将造成人体内脂肪堆积，也会限制柔韧性的发挥，即使是参加活动的人，中断活动后，柔韧性也会降低。同样是经常参加活动的人，其活动的方法、手段、量和强度不同，其柔韧性能也有差异。所以说，活动水平对柔韧性的影响很大。

（九）心理因素

心理紧张度可通过中枢神经系统影响到人体各部位的工作状况，心理紧张度过强、时间过长会使神经过程由兴奋转为抑制，严重影响各部位的协调能力，从而影响柔韧性。

柔韧素质要经过长期艰苦的练习才能逐步发展，而且练习过程中常伴有疼痛感，停止练习后又容易消退。因此，发展柔韧性需要毅力和耐心，只有意志坚强的人，才能忍耐住疼痛，坚持不懈地练习，取得良好的效果。一个意志薄弱的人，遇到困难和疼痛就退缩，或者"三天打鱼，两天晒网"式的训练，是很难提高其柔韧素质的。

第二节 篮球运动柔韧素质训练方法

一、柔韧素质训练方法

发展柔韧素质的目的是提高跨过关节的肌肉、肌腱、韧带等软组织的伸展性，其伸展能力的提高主要是"力"的拉伸作用的结果。柔韧素质的训练方法主要有两种：主动或被动形式的静力拉伸法和主动或被动形式的动力拉伸法。这两种练习方法的特点，都是在"力"的拉伸作用下，有节奏地逐渐加大动作幅度或多次重复同一动作，使软组织逐渐地或持续地受到被拉长的刺激。

（一）柔韧素质训练的方法

1. 主动或被动的静力拉伸方法

缓慢地将肌肉、肌腱、韧带拉伸到一定酸、胀、痛的感觉位置并略有超过，然后停留一定时间的训练方法。

这种方法可减少或消除超过关节伸展能力的危险性，防止拉伤。由于拉伸缓慢不会激发牵张反射。

一般要求在酸、胀、痛的位置停留 6～8 秒，重复 6～8 次。

2. 主动或被动的动力性拉伸方法

有节奏的、速度较快的、幅度逐渐加大的多次重复一个动作的拉伸方法。

在运用该方法时用力不宜过猛，幅度一定要由小到大，先作几次小幅度的预备拉长，然后加大幅度，从而避免拉伤。每个练习重复 5～10 次（重复次数可根据专项技术需要而增加）。

主动的动力性拉伸方法是靠自己的力量拉伸，被动的动力性拉伸方法是靠队友的帮助或负重借助外力的拉伸，但外力应与运动员被拉伸的可能伸展能力相适应。

上述方法可单独采用也可混合运用，练习时间根据需要确定。

（二）发展柔韧素质可采用的手段

（1）在器械上的训练：利用肋木、平衡木、跳马、把杆、吊环、单杠等。

（2）利用轻器械的训练：利用木棍、绳、橡皮筋等。

（3）利用外部的阻力训练：队友的助力、负重等。

（4）利用自身所给的助力或自身体重的训练：如压腿时双手用力压同时上体前压振；在吊环或单杠上做悬垂等。

（5）发展各关节柔韧所采用的动作：压、踢、摆、搬、劈、绕环、前屈、后仰、吊、转等。

（三）发展柔韧素质的具体方法

柔韧素质的发展应从各项目的特点出发，有目的、有选择地进行，以下根据教学训练体会，提供一些发展柔韧素质的方法，供教学训练时参考。

1. 手指手腕柔韧性训练

（1）握拳、伸展反复训练。

（2）两手五指相触用力内压，使指根与手掌背向成直角或小于直角。

（3）两手五指交叉直臂头上翻腕，掌心朝上。

（4）手腕屈伸、绕环。

（5）手指垫高的俯卧撑。

（6）杠铃至胸，用手指托住杠铃杆。

（7）用左手掌心压右手四指，连续推压。

（8）面对墙站立，连续做手指推撑。

（9）左、右手指交替抓下落的棒球（或小铅球）。

（10）靠墙倒立。

2. 肩关节柔韧性训练

（1）压肩

①手扶一定高度，体前屈压肩。

②双人手扶对方肩，体前屈直臂压肩。

③面向墙一脚距离站立，手、大小臂、胸触墙压肩（逐渐加大脚与墙的距离）。

④练习者背对横马并仰卧在鞍马上，另一人在后面扶着他上臂下压。

⑤两人互相以手搭肩，身体前倾，向下有节奏地压肩。

（2）拉肩

①双人背向两手头上拉住，同时作弓箭步前拉。

②练习者站立，两手头上握住，帮助者一手拉练习者头上手，一手顶背助力拉。

③练习者俯卧，两手相握头上举或两手握木棍，帮助者坐练习者身上，一手拉木棍一手顶其背助力拉。

④背对肋木坐，双手头上握肋木，以脚为支点，挺胸腹前拉起成反弓形。

⑤背向肋木站，双手反握肋木，下蹲下拉肩。

⑥背向肋木屈膝站肋木上，双手头上握肋木，然后向前蹬直双腿胸腹用力前挺。

⑦侧向肋木，一手上握一手下握肋木向侧拉。

⑧体前屈坐垫上，双手后举，帮助者握其两手向前上推助力拉。

（3）吊肩

①单杠各种握法（正、反、反正、翻等握法）的悬垂摆动。

②单杠负重静力悬垂。

③杠悬垂或加转体。

④后吊：单杠悬垂，两腿从两手间穿过下翻成后吊。

（4）转肩用木棍、绳或橡皮筋做直臂向前、向后的转肩（握距逐渐缩小）。

3. 腰腹部柔韧性训练

（1）弓箭步转腰压腿。

（2）两脚前后开立，向左后转，向右后转，来回转腰。

（3）体前屈手握脚踝，尽量使头、胸、腹与腿相贴。

（4）站在一定高度上做体前屈，手触地面。

（5）分腿体前屈，双手从腿中间后伸。

（6）分腿坐，脚高位体前屈，帮助者可适当用力压其背部。

（7）后桥练习，逐渐缩小手与脚的距离。

（8）向后甩腰训练。

（9）俯卧撑交替举后腿，上体尽量后抬成反弓形。

（10）双人背向，双手头上握或互挽臂互相背。

（11）肩肘倒立，下落成屈体肩肘撑。

4. 胸部柔韧性训练

（1）俯卧背屈伸。训练者腿部不动，积极抬上体、挺胸。

（2）虎伸腰。训练者跪立，手臂前放于地下，胸向下压。要求主动伸臂，挺胸下压。

（3）练习者面对墙站立，两臂上举扶墙，抬头挺胸压胸。要求让胸尽量贴墙，幅度由小到大。

（4）训练者背对鞍马头站立，身体后仰，两手握环使胸挺出。要求充分伸臂，顶背拉肩，挺胸。

（5）训练者并腿坐在垫子上，臂上举，队友在背后一边向后拉其双手，一边用脚蹬训练者肩背部，向后拉肩振胸。

5. 下肢柔韧性训练

（1）前后劈腿可独立前后振压，也可以将腿部垫高，由队友帮助下压。

（2）左右劈腿训练者仰卧在垫子上，屈腿或直腿都可以，由队友扶腿部不断下压。

（3）压腿将脚放在一定高度上，另一腿站立脚尖朝前，然后正压（勾脚）、侧压、后压。

（4）踢腿原地扶把杆或行进，正踢（勾脚）、侧踢、后踢。

（5）摆腿向内、向外摆腿。

（6）控腿手扶支撑物体，前控、侧控、后控。

（7）弓箭步压腿。

（8）跪坐压脚面。

（9）在特制不同形状的练习器上练习脚腕不同方位的柔韧。

（10）用脚内侧、外侧、脚跟、脚尖走。

（11）负重深蹲，脚跟不离地使脚尽量弯曲。

（12）双刀腿坐，双脚互相顶位，双手相拉，一人前俯后仰。

（13）背对背坐，双手头上拉，一人前俯，一人后仰。

6. 踝关节和足背部柔韧性训练

（1）训练者手扶腰部高度的肋木，用前脚掌站在最下边的肋木杠上，利用体重上下压动，然后在踝关节弯曲角度最大时，停留片刻以拉长肌肉和韧带。

（2）训练者跪在垫子上，利用体重前后移动压足背，也可将足尖部垫高，使足背悬空做下压动作，增加练习时的难度。

（3）训练者坐在垫子上，在足尖部上面放置重物，压足背。

（4）做脚前掌着地的各种跳绳练习。

（5）做脚前掌着地的各种方向、各种速度的行走练习。

二、发展柔韧素质的注意事项

（一）循序渐进，持之以恒

柔韧素质的发展是需要意志力的练习。痛感强，见效慢，停止训练便有所消退，因此，应持之以恒才能见效。

当第一次练习时易见效，第二次再训练有痛感，第二次训练获得效果全部消退并差于第一次训练前的效果。这是由于肌肉被拉长回缩力增加的原因，因此，应继续将其慢慢拉开，消除痛感。经过一个时期的训练，该长度的伸展已适应，应进一步拉长肌肉牵拉肌腱，进一步增强回缩力。因为柔韧训练本身就是由不适应到适应逐步提高的过程。

因为肌肉、韧带等软组织的伸展性并不是一时一刻就能得到提高的，所以训练应逐步提高要求，做到循序渐进，不能急于求成。

根据停止柔韧训练一个时期，已获得的柔韧效果会有所消退的特点，柔韧性训练要做到系统化、经常化。特别是当某一部位因伤停止训练后，该部位所获得的柔韧效果将全部消退，其恢复期相对延长，因此，在某一部位受伤后，其他部位仍应适当训练，否则柔韧性会因停练而消退。

（二）柔韧性训练要因项、因人而异

柔韧性训练必须根据专项特点和练习者的具体情况安排。例如，跳跃项目的运动员主要要求腿部和髋部的柔韧性，游泳运动员主要要求踝关节和躯干柔韧性，体操运动员主要要求肩、髋、腰、腿部的柔韧性。因此，在全面发展身体各部位柔韧性的基础上，要重点训练本专项所需的几个部位的柔韧性。另外，练习者的具体情况不一样，在进行柔韧素质训练过程中必须区别对待，突出针对性、应用性，这样才能收到良好的训练效果。

在运动训练中，虽然各专项对柔韧性都有一定的要求，但一般说来没有必要使柔韧性的发展达到最大限度，柔韧性的发展程度只要能满足专项运动技术的需要就可以了。

（三）柔韧素质的发展应与力量素质发展相适应

柔韧素质的发展应是在肌力增长下的发展，而肌力的增长绝不能因体积的增长而影响关节活动幅度。

力量训练是发展肌肉的收缩能力，柔韧训练能发展肌肉的伸展能力，因此，力量结合柔韧性的训练对提高肌肉质量最为有效，既能达到力量和柔韧性的同时增长，又能保证关节灵活性的稳固。

（四）柔韧素质的发展要兼顾相互关联的身体各个部位

在有些动作中，柔韧性的表现不仅是在一个关节或某个身体部位，而是牵涉几个相互有关联的部位。例如，为发展腰部柔韧性若采用"桥"的训练，就是由肩、脊柱、髋等部位的关节所决定的。因此，在训练过程中对这几个部位都应该进行发展，倘若忽视某一部位就有可能出现外伤。如果发现某一部位稍差，就应立即采取措施使其得到改善。另外，也可通过其他部位的有效发展使其得到补偿，这样做可以使各部位的柔韧性得到发展，保证专项运动训练的需要。

（五）柔韧素质训练要注意外界温度与训练的时间

外界温度过高或过低，都会影响到肌肉的状态，影响到肌肉的伸展能力。一般来说，当外界温度在18℃时，有利于柔韧素质的发展，因为肌肉在这个温度下，伸展能力较好。温度过高，肌肉紧张或无力都会影响其伸展能力。例如，跳高运动员每做完试跳之后，总要穿上衣服，目的在于保持体温，使肌肉处于良好的状态，以便迎接下一次试跳。一天之内在任何时间都可以进行柔韧性训练，只是效果不同。

早晨柔韧性会明显地降低，所以早晨可做一些强度不大的"拉韧带"的训练。一日之中在10~18时人体能表现出良好的柔韧性，此时可进行一些强度较大的柔韧性训练。

（六）柔韧性训练之后应结合放松训练

每个伸展训练之后，应做相反方向的训练，使供血供能机能加强，有助于伸展肌群的放松和恢复。例如，压腿之后做几次屈膝训练，体前屈训练之后做几次挺腹挺胯动作，下完腰后做几次体前屈或团身抱膝动作等。

（七）柔韧素质的发展要从小培养

我国体操界、武术界、技巧界柔韧性训练都是从小开始的，并在这方面积累了丰富的经验。从小发展的柔韧素质，由于是在人体自然生长发育的过程中实现的，能得到保持和巩固，不易消退。此外，柔韧素质发展的敏感期是5~10岁，所以在此期间要抓紧练习，并在10岁以前使柔韧素质得到较好发展。

（八）柔韧训练时要防止受伤

柔韧训练主要是运用各种方法，拉长人体关节肌肉、韧带的长度。但如不注意科学的方法，非常容易出现肌肉拉伤事故。因此，要提高柔韧训练的最终效果，必须要防止在训练时受伤。一般在柔韧训练前，可做一些热身活动，减少肌肉的黏滞性；在拉长肌肉的过程中，不宜用力过猛，特别是在柔韧性被动训练时，教练员施加的外力要循序渐进，要了解运动员的个性特征，还要及时注意运动员的训练反应，以便合理地加力与减力，保证柔韧训练的正常进行。

第八章 篮球运动灵敏素质训练实践

第一节 篮球运动灵敏素质内容

一、灵敏素质的概念

灵敏素质是指人体在各种突然变换的条件下，快速、协调、敏捷、准确地完成动作的能力。它是人的运动技能、神经反应和各种身体素质的综合表现。

灵敏素质之所以是运动技能、神经反应和各种素质的综合表现，是因为各专项的每一个动作都不同程度地体现了力量、速度、耐力、柔韧等素质。通过力量特别是爆发力量，控制身体的加速或减速；通过速度，特别是爆发速度，控制身体移动、躲闪、变换方向的快慢；通过柔韧保证力量、速度的发挥；通过耐力保证持久的工作能力。这些素质的综合运用才能保证动作的熟练程度，而动作的熟练程度必须在中枢神经支配下才能运用自如。因为神经反应决定了反应速度的快慢、决定了判断是否准确、决定了随机应变及时做出应答动作的快慢。因此，反应迅速、判断准确、及时做出应答动作是灵敏素质的先决条件，各素质协同配合是完成应答动作的基础。应答动作的熟练程度直接体现了灵敏素质的高低，所以说，灵敏素质是运动技能、神经反应和各种素质的综合表现。

灵敏素质没有客观衡量标准，只有通过动作的熟练程度来显示灵敏素质的高低，它不像其他素质有客观衡量标准来测定其素质的优劣。例如，力量用重量的大小来衡量，单位是公斤；速度用距离和时间的比来衡量，单位是米/秒；耐力用时间的长短或重复次数的多少来衡量；柔韧性用角度、幅度的大小来衡量；而灵敏素质只有用迅速准确协调完成动作的能力来衡量。例如，运动员的躲闪能力，必须通过躲闪动作来体现，而躲闪的快慢就表现了灵敏程度的高低。但完成躲闪动作是以各素质为基础的，反应判断的快慢决定相应躲闪动作的快慢，速度力量又决定了反应动作的快慢，因此，运动员在没有做出躲闪动作之前无法衡量运动员在躲闪方面的灵敏素质，如急跑急停、转体、平衡等动作也都是如此。因此，身体素质越好完成动作越熟练，所表现的灵敏素质就越好。离开其他素质和运动技能根本谈不上有灵敏素质，而灵敏素质只有通过熟练的动作才能表现出来，单纯的灵敏素质是不存在的。

灵敏素质的发展水平主要从以下三个方面进行评价：

（1）是否具有快速的反应、判断、躲闪、转身、翻转、维持平衡和随机应变的能力。

（2）在完成动作时，是否能自如地操纵自己的身体，在任何不同的条件下都能准确熟练地完成动作。

（3）是否能把力量（爆发力）、速度（反应速度）、耐力、协调性、节奏感等素质和技能通过熟练的动作综合表现出来。

客观实践证明，具有高度灵敏素质的人可以随心所欲地控制自己的运动器官，熟练自如地完成动作。

二、灵敏素质的分类及特点

（一）灵敏素质的分类

灵敏素质从其与专项运动关系来看，可分为一般灵敏素质和专项灵敏素质。

一般灵敏素质是指人在各种活动中，在突然变换的条件下，迅速、合理、准确地完成各种动作的能力。它是专项灵敏素质发展的基础。

专项灵敏素质是运动员在专项运动中，迅速、准确、协调自如地完成本专项各种技术动作的能力。它是在一般灵敏素质的基础上，多年重复专项技术，提高专项技能的结果。

不同的体育运动项目对灵敏素质有不同的要求，球类和一些其他对抗性项目要求判断、反应、躲闪、随机应变等方面的灵敏素质。因球类项目的动作技巧变化多样，身体的各部位迅速发生变化，动作结构变异大，反应敏捷，不像体操、武术、田径等项目是按程序进行的，所以球类项目没有一种动作技巧是固定不变的。要时刻根据比赛时的复杂条件而灵活地改变动作的方向、速度、身体的姿势，这就要求球类运动员在球场上要有广阔的视野，敏锐的球感，多变的战术，协调的配合，才能适应球类运动的需要，因此，没有良好的灵敏素质很难成为一名优秀的球类运动员。

篮球一般要求躲闪、突然起动、急停、迅速改变身体位置、运球过人、切入、跳起空中投篮、争夺篮板球等方面所表现的灵敏素质。

（二）灵敏素质的特点

各体育项目所表现的运动技能差异，所以对各素质及神经反应的要求也就不同，对灵敏素质的要求也不一样，从而体现灵敏素质在不同的项目中各有自己专项的特点。例如，优秀的篮球运动员在篮球场上灵巧多变，可在体操器械上却显得力不从心，因为他们不具备体操运动员所需要的运动技能，自然不能熟练地完成体操动作，体现不出体操方面的灵敏素质。而体操运动员在器械上能轻松自如地完成动作，但在篮球场上控制空间方面的灵敏不如篮球运动员。同样，其他专项的运动员在本专项上是能手，在其他项目上并不一定是能手。因此，有经验的教练员和运动员非常重视发展本专项所需要的灵敏素质。

三、灵敏素质的意义

灵敏素质是协调发挥各种身体素质能力，提高技术动作质量和创造优异运动成绩的重要条件。它在各个运动项目中的作用主要有以下两点：

（1）能够保证人准确、熟练、协调地完成动作，取得优异运动成绩。

（2）能够灵活、巧妙地战胜对手，取得比赛的胜利。

四、影响灵敏素质的因素分析

影响灵敏素质的因素是多种多样的，其中主要有解剖、生理、心理、运动经验及其他身体素质发展水平等。

（一）解剖因素

1. 体型

各体育项目不同，要求运动员的体型也就不同，所以从身体形态来看有其显著的项目特点，也就是说专项运动技能与身体形态相一致。例如，体操运动员的形态特点是，个矮、体轻、躯短、腿长、肩宽、臂粗长，之所以需要这样的体型是因为体操运动员在完成许多动作时，要克服自身体重来完成，个矮、体轻则省力，肩宽、臂粗长有利于用上肢完成大部分动作，躯短腿长有利于动作幅度，这样的体型无疑是从事体操的最佳体型。再如，举重运动员要求矮、粗、宽、厚的体型，有利于用强大的爆发力控制杠铃维持身体平衡。篮、排球由于篮高、网高的限定，要求身材高大的运动员。足球运动员由于场地大、范围广，要求速度快、耐力强、动作灵活、反应快，并能充分利用合理冲撞，宜选身高、体重在中上等的、下肢有力的运动员（当然身材高大、体重重的而且灵活的更好）。跳高运动员则要求瘦高个、躯短、下肢长的运动员，下肢长、重心高、摆动半径大获反作用力大，身瘦、体轻有利于空中控制身体顺利过竿。

从以上例子来看，不同的项目要求不同的体型，这种体型必须有利于本专项技术的发挥，能在本专项运动中表现出高度的灵敏素质来。因此，不好说哪一种体型的人灵敏素质好、哪一种体型的人灵敏素质差，但就一般人而言：过高而瘦长的，过胖的或梨形体型的人缺乏灵敏性，"O"形腿、"X"形腿的人缺乏灵活性，肌肉发达的中等或中等以下身高的人，往往有高度的控制力而表现得非常灵活。

2. 体重

$$体重＝脂肪＋肌细胞＋水＋矿物质$$

其中，以脂肪和肌细胞的增长最为显著，脂肪的增长是每日进食超过一天所需能量，其多余部分转变为脂肪，而肌细胞的增长是通过锻炼，锻炼促进肌细胞增长。脂肪过多影响肌肉收缩效率，增加了不必要的体重等于增加了运动时的阻力，从而影响了身体的灵活性，因此，必须进行合理的训练增加肌肉比重，再配以低卡进食逐渐减少脂肪。

（二）生理因素

1. 大脑皮质神经过程的灵活性

高度的灵敏素质是在其巩固的运动技能基础上表现出来的，也就是在大脑皮层分析综合能力高度发展的情况下体现的。大脑皮层的分析综合能力是在时间和空间上紧密结合进行的，因此，在学习每一个动作时都要按一定顺序进行，大脑皮层概括动作的难易度所给的刺激也按一定顺序正确地反映出来，多次重复会形成熟练动作。例如，三步上篮，视觉判断上篮时的距离及篮的高度，位觉感觉起跳后身体空间方位，皮肤触觉感知地面硬度及手投篮的力量，这些刺激所引起的兴奋传到大脑皮层相应区，都按严格的时间和顺序产生兴奋、抑制，经过多次强化，各感觉中枢与运动中枢的动觉细胞发生暂时联系而形成运动技能。通过大量各种动作的练习形成许多熟练的运动技能，把这些动作变换，并在变化的环境中完成，使大脑皮层的兴奋和抑制的转换能力加强，从而提高大脑皮层神经过程的灵活性。这样在任何条件下，任何环境中都能熟练地把这些动作表现出来。运动实践证明，每一项体育运动都需要某些专门的技能，只有掌握了这些专门的技能，并且运用自如，才能成为本专项的优秀运动员。而灵敏素质寓于这些运动技能之中，以动作形式灵活熟练地表现出来。因此，基本动作、基本技术掌握得越多越熟练，不仅学习新的动作快，而且在战术运用中也更富有创造力，人也显得灵活，随机应变能力更强，从而表现的灵敏素质也更高。

2. 运动分析器的功能

人体在完成动作时，肌肉产生收缩，通过肌肉肌梭（感知肌纤维长度、张力变化）、腱梭（感知牵张变化）产生的兴奋传入神经中枢进行分析综合活动而感知身体在空间的位置、姿势以及身体各部位的运动情况，并与视觉、位觉、触觉以及内感受器相互作用，实现空间方位感觉。在肌肉感觉及空间方位感觉的基础上，大脑皮层才能随环境变化调节肌肉紧张度，以保证实现各种协调精确的动作。运动分析得越完善，则运动员对肌肉活动用力大小、快慢的分析能力越高，完成动作时间的判断越精确。有些运动员即使闭上眼睛也能完成某些动作，这就是运动分析的作用。在运动实践中，有的运动员脚表现得灵活，有的手表现得灵活，这是因为经常使用哪些部位，哪些部位也就表现得较灵活。例如，乒乓球运动员用右手的则右手灵活，经常用左手的则左手灵活。篮球运动员要求左右手运球、投篮都应灵活，足球运动中要求左右脚射门、带球都应灵活，体操运动员习惯一个方向的转体，一个方向的全旋等，这是因为支配该部位运动器官的神经中枢的分析综合能力高度完善的原因。

3. 前庭分析器的机能

前庭分析器对空翻、转体及维持身体平衡、变换身体的方向位置的灵活性有很大作用。前庭分析器包括耳面装置和三个半规管。下面主要介绍三个半规管的作用。三个半规管在颅内相互垂直，所以当身体朝任何方向旋转时，半规管都能接受刺激，调整身体的平衡，但三个半规管接受的刺激是不一样的。当作横轴（向前或向后）翻转时，水平面和横面内的半规管的内淋巴液在翻转开始和结束时，对壶腹内毛细胞起作用，而纵面内的半规管的内淋巴液作圆的滚动，因为翻转惯性内淋巴液在整个翻转过程中起作用，所以滚横轴翻转时，纵面内的半规管（前半规管）起主要作用。同样，围绕纵轴转体时，水平面内的半规管（外半规管）起主要作用。作矢状轴翻转时，横面内的半规管（后半规管）起主要作用。如果完成空翻转体动作时，要求三个半规管的转换能力要强。由于前庭分析器的作用，身体在翻转时，才能感知身体在空间位置的变化，并借助各种反射来调节肌肉紧张度以完成翻转动作。

（三）年龄、性别

1. 年龄

从幼儿开始学走路到六七岁，平衡器官得到充分发展。从 7 岁到 12 岁，灵敏素质稳定提高，该年龄段有利于提高动作频率、反应速度及单个动作速度，体操运动员应尽量多体会一些难度较大的翻转动作。13～15 岁为青春期，身高增长较快，灵敏素质相对有所下降，以后随年龄增长又稳定提高直至成人。

2. 性别

在儿童期，男孩和女孩灵活性差不多；在青春期，男孩比女孩稍灵活些；在青春期以后，男子的灵敏素质高于女子。女子进入青春期，由于体重增加，有氧能力下降，内分泌系统变化，灵敏素质会一度出现明显的生理性下降趋势。根据这一变化规律，在青春期以前就应加强女子的灵敏素质训练，使之得到较好发展。

（四）疲劳程度

疲劳将导致中枢神经系统灵活性与机体活动能力降低。大脑皮质的能源供应不足（缺乏ATP），从而产生保护性抑制，使肌肉力量不能发挥，反应迟钝，速度下降，动作不协调等，灵敏性显著降低。因此，在发展灵敏素质练习中和练习后都要注意恢复，及时消除疲劳。在兴奋性比较高，体力充沛的时候发展灵敏素质效果最好。

（五）情绪

人的情绪在高涨时显得特别灵敏，而情绪低落时，灵敏性也会降低。由于练习比赛环境的变化及其他生理、心理原因会导致情绪的变化，可能会过度兴奋，使兴奋扩散不能集中，造成身体失控；也可能过度抑制，精神不振，造成动作无力不协调。因此，一个优秀的运动员应学会调节自我情绪，使自己在竞技状态中具有相适宜的情绪。当处于这种状态时，运动员头脑清楚，身体充满力量，对完成动作充满信心，身体觉得轻快灵活。如篮球运动员怎么投篮怎么进，体操运动员无论完成什么动作都感到控制自如，足球运动员感到球在自己脚下随心所欲等，达到这种状态除身体素质好、技术熟练外，主要是良好情绪的作用。但这种状态有时不是人的意识所能预计的，应加强心理训练，提高对环境的适应能力和学会调节自然情绪等方法。

（六）其他身体素质发展水平

灵敏素质是人体的力量、速度、耐力、柔韧素质以及协调性等能力的综合表现。上述在神经中枢调控下的肌肉活动能力与灵敏素质有密切关系，其中任何一种身体素质较差，对灵敏素质的提高都会造成不利影响。

（七）运动技术的熟练及运动经验的丰富

实践证明，掌握基本技术越多、越熟练，不仅学习新的运动技能快，而且技术运用也显得更灵活，更富有创造力，表现出的灵敏素质也就越高。长期学习、运用各种技术动作和提高运动技能，可以丰富人的运动实践经验，增加身体素质和技术动作"储备"，从而促进灵敏素质水平的不断提高。

（八）气温

气候阴雨潮湿，天冷温度太低，也会降低关节的灵活性与肌肉韧带的伸展性，造成灵敏性下降。

第二节　篮球运动灵敏素质训练方法

一、灵敏素质训练方法

灵敏素质是人体综合能力的反映，受遗传因素影响很大。为了提高灵敏素质，教练员应尽可能采取逐渐增加复杂程度的训练方式，也可以通过改变条件、器械、器材等方式增加技术动作的复杂性和难度。同时，还应着重培养和提高运动员掌握动作的能力、反应能力、平衡能力、观察能力、节奏感等。

（一）灵敏素质练习的主要手段

（1）在跑、跳中做迅速改变方向的各种跑、躲闪、突然起动以及各种快速急停和迅速转体练习等。

（2）做各种调整身体方位的练习。

（3）做专门设计的各种复杂多变的练习。例如，用"之字跑""躲闪跑""穿梭跑"和"立卧撑"四项组成的综合性练习。

（4）以非常规姿势完成的练习。例如，侧向或倒退跳远、跳深等。

（5）限制完成动作的空间练习。例如，在缩小的球类运动场地进行练习。

（6）改变完成动作的速度或速率的练习。例如，变换动作频率或逐步增加动作的频率。

（7）做各种变换方向的追逐性游戏和对各种信号做出应答反应的游戏等。

（二）灵敏素质练习的途径

发展灵敏素质是提高运动能力的一个非常重要的方面，在发展灵敏素质的过程中，应该注意到：提高力量、速度、耐力、柔韧素质等是发展灵敏素质的基础；竞技体操、武术、技巧、滑冰、滑雪、各种球类运动等项目都是发展灵敏素质的有效项目；在专项练习复杂化的条件下反复练习与专项运动性质相似的动作，是发展专项灵敏素质的有效途径。发展灵敏素质的途径主要包括徒手练习、器械练习、组合练习和游戏等。

1. 徒手练习（包括单人练习和双人练习两类）

（1）单人练习：主要有弓箭步转体、立卧撑跳转体、前后滑跳、屈体跳、腾空飞脚、跳起转体、快速后退跑、快速折回跑等练习。

（2）双人练习：主要有躲闪摸肩、手触膝、过人、模仿跑、撞拐、巧用力等双人练习。

2. 器械练习（包括单人练习和双人练习两类）

（1）单人练习：主要包括各种形式的个人运球、传球、顶球、颠球、托球等多种练习，单杠悬垂摆动、双杠转体跳下、挂撑前滚翻、翻越肋木、钻栏架、钻山羊以及各种球类运动、技巧运动、体操运动的专项技术动作的个人练习等。

（2）双人练习：主要包括各种形式的传接球、运球中抢球，双杠端支撑跳下换位追逐、肋木穿越追逐等双人练习。

3. 组合练习（包括两个动作组合、三个动作组合和多个动作组合的练习）

（1）两个动作组合练习：主要有交叉步—后退跑，后踢腿跑—圆圈跑，侧手翻—前滚翻，转体俯卧—膝触胸，变换跳转髋—交叉步跑，立卧撑—原地高抬腿跑等。

（2）三个动作组合练习：主要有交叉步侧跨步—滑步—障碍跑，旋风脚—侧手翻—前滚翻，弹腿—腾空飞脚—鱼跃前滚翻，滑跳—交叉步跑—转身滑步跑等练习。

（3）多个动作组合练习：主要有倒立前滚翻—单肩后滚翻—侧滚—跪跳起，悬垂摆动—双杠跳下—钻山羊—走平衡木，跨栏—钻栏—跳栏—滚翻，摆腿—后退跑—鱼跃前滚翻—立卧撑等练习。

4. 游戏

发展灵敏素质的游戏具有综合性、趣味性、竞争性的特点，能引起练习者的极大兴趣，使人全力以赴地投入活动，既能集中注意力、积极思维、巧妙对付复杂多变的活动场面，又能锻炼提高神经系统的灵活性和反应过程，有效地提高身体素质和运动技能。发展灵敏素质的游戏很多，主要包括各种应答性游戏、追逐性游戏和集体游戏等。

（三）发展灵敏素质的具体方法

发展灵敏素质须从专项特点出发，重点是综合发展反应、平衡、协调等能力。以下根据教学训练体会，提供一些发展灵敏素质的方法，供教学训练时参考。

1. 提高反应判断的训练，

（1）按口令做相反的动作。

（2）按有效口令做动作。

（3）原地、行进间或跑步中听口令做动作。例如，喊数抱团成组，加、减、乘、除简单运算得数抱团组合，看谁最快等。

（4）一对一追逐模仿。

（5）一对一互看对方背后号码。

（6）听信号或看手势急跑、急停、转身、变换方向的练习。

（7）听信号的各种姿势起跑。例如，站立式、背向、蹲、坐、俯卧撑等姿势。

（8）跳绳两人摇绳，从绳下跑过转身，从绳上跳过等。

（9）一对一脚跳动猜拳、手猜拳、打手心手背、摸五官等练习。

（10）各种游戏。例如，叫号追人、追逃游戏、抢占空位、打野鸭、抢断篮球（一方攻、一方守，攻方运球强行通过，守方积极拦截抢夺，夺到球变为攻方运动员）等。

2. 发展平衡能力训练

（1）一对一面向站立，双手直臂相触，虚实结合相互推，使对方失去平衡。

（2）一对一弓箭步牵手互换面向站立，虚实结合互推互拉使对方失去平衡。

（3）各种站立平衡：俯平衡、搬腿平衡、侧平衡等。

（4）头手倒立，肩肘倒立、手倒立停一定时间。

（5）在肋木上横跳、上下跳练习。

（6）做动作或急跑中听信号完成突停动作。

（7）在平衡木上做一些简单动作。

（8）发展旋转的平衡能力练习。

3. 发展协调能力的练习

（1）一对一背向互挽臂蹲跳进、跳转。

（2）模仿动作练习。

（3）各种徒手操练习。

（4）双人头上拉手向同方向连续转。

（5）脚步移动训练。例如，前后、左右、交叉的快速移动。单脚为轴的前后、转体的移动。左右侧滑步、跨步跳的移动。

（6）做小腿里盘外拐的训练。

（7）跳起体前屈摸脚。

（8）选用武术中的"二踢脚""旋风脚"动作。

（9）双人跳绳。

（10）做不习惯方向的动作。

（11）改变动作的连接方式。

（12）选用健美操、体育舞蹈中的一些动作。

（13）简单动作组合训练。例如，原地跳转 360°接跳远。前滚翻交叉转体接后滚翻。跪跳起接挺身跳等。

（14）双人一手扶对方肩、一手互握对方脚腕，各用单脚左右跳、前后跳、跳转。

4. 选用体操中的一些动作

（1）前滚翻、后滚翻、侧滚翻。

（2）连续前滚翻或后滚翻。

（3）双人前滚翻，一人仰卧，另一人分腿站在仰卧人的头两侧，双方互握对方两脚踝，然后作连续的双人前滚翻或后滚翻。

（4）连续侧手翻。

（5）双人侧手翻双人同向重叠站立，后面人抱住前面人的腰，然后共同完成侧手翻。

（6）鱼跃前滚翻（可越过一定高度的障碍物）。

（7）一人仰卧，两人各抓一只脚，同时用力上提，使其翻转站立。

（8）前手翻、头手翻、后手翻，团身后空翻。

（9）跳马、跳上、挺身跳下，分腿或屈腿腾越，直接跳越器械，跳起在马上作前滚翻。

（10）在低单杠上做翻上、支撑腹回环、支撑后摆跳下、支撑摆动向前侧跳下等简单动作。

（11）在低双杠上做肩倒立、前滚翻成分腿坐、向前支撑摆动越杠而下，向后摆动越杠而下等简单动作。

5. 利用跳绳进行的一些训练方法

（1）"扫地"跳跃：练习者将绳握成多段，从下蹲姿势开始，将绳子做扫地动作，两脚不停顿地做跳跃练习。

（2）前摇二次或三次，双足跳一次，俗称"双飞""三飞"。

（3）后摇二次，双足跳一次，俗称"后双飞"。

（4）交叉摇绳：练习者两手交叉摇绳，每摇一两次，单足或双足跳长绳子一次。

（5）集体跳绳：两名练习者摇长绳子，其他练习者连续不断地跳过绳子，每人应在绳子摇到最高点时迅速跟进，跳过绳子，并快速跑出。谁碰到绳子，与摇绳者交换。

（6）双人跳绳：同前，要求两名练习者手拉手跳 3～5 次后快速跑出。

（7）走矮子步：教练员与一名队员将绳拉直，并把高度适当降低，队员在绳子下走矮子步和滑步与滑步动作。

（8）跳波浪绳：教练员与一名队员双手握一根长绳子，并把绳子上下抖成波浪形，队员必须敏捷地从上跳过，谁碰到绳子，就与摇绳者交换。

（9）跳蛇形绳：教练员与一名队员双手握一根长绳，并把绳子左右抖动，使绳子像一条蛇在地上爬行，数个队员在中间跳来跳去，1 分钟内触及绳子最少者为胜。

（10）跳粗绳（或竹竿）：教练员双手握一根粗绳或竹竿，队员围成一个圆圈站立，当教练员握绳或竿做扫圆动作时，队员立即跳起，触及绳索或竹竿者为败。

6. 利用蹦床进行训练的一些方法

蹦床训练是训练高大队员灵敏素质、提高身体协调性和空中平衡能力的有效方法。

（1）原地向上腾起，两臂上举，使身体在空中伸展，然后下落。连续做 5～10 次。

（2）原地腾起，两臂上举，空中转体180°、360°。

（3）原地腾起，下落时成俯卧姿势，然后再腾起。

（4）原地腾起，体前屈，侧分腿，两手触及脚尖，然后直体双脚落地。

（5）原地腾起，在空中模仿挺身式跳远，分腿腾跃，足球守门员救球，排球运动员扣球、拦网，篮球运动员扣篮、跳水运动员的起跳、腾空、入水等动作。

（6）原地腾起，后空翻一周，双脚落地。

（7）原地腾起，前空翻一周，双脚落地。

（8）原地腾起，身体后倒，犹如失去平衡，然后臀部着地成直角坐地再腾起。

（9）原地腾起，落地跪立后再腾起。

（10）原地腾起，落地时成仰卧姿势，然后再腾起成站立姿势。

7. 灵敏性游戏

在灵敏性游戏的设计、选择、运用中，要注意把思维判断、快速反应、协调动作、节奏感等内容有机地结合起来。进行游戏时，要严格执行规则，防止投机取巧，遵守纪律，注意安全。

（1）形影不离：两人一组，并肩而站。右侧的人自由变换位置和方向，站在左侧的人必须及时跟进仍站到他的左侧位置。要求：随机应变，快速移动。

（2）照着样子做：两人一组，其中一人做站立或活动中的各种动作，并不断更换花样，另一人必须照着他的样子做。要求：领做者随意发挥，照做者模仿逼真。

（3）水、火、雷、电：练习者在直径为 15 米的圆圈内快跑，教练员接连喊"水""火""雷""电"，所有人必须做出与之相适应的动作。要求：想象力丰富，变换动作快。

（4）互相拍肩：两人相对 1 米左右站立，既要设法拍到对方的肩膀，又要防止对方拍到自己的肩膀。要求：伺机而动，身手敏捷。

（5）单、双数互追：练习者按单、双数分成两组迎面相距 1～2 米坐下，当教练员喊"单数"时，单数追双数，双数转身向后跑开 20 米；当教练员喊"双数"时，双数追单数，单数转身向后跑开。要求：判断准确，起动迅速。

（6）抓"替身"：成对前后站立围成圈，指定一人抓，另一人逃，逃者通过站到一对人的前面来逃脱被抓，后面的人立即逃开。当抓人者拍打着被抓者时，两人交换继续抓"替身"。要求：反应快、躲闪灵。

（7）双脚离地：练习者分散在指定的地方任意活动，指定其中几个为抓人者，听到教练员的哨音后，谁的双脚离地就不抓他，抓人者勿缠住一人不放。要求：快速悬垂、倒立、举腿等。

（8）听号接球：练习者围圈报数后向着一个方向跑动，教练持球站在圈中心，将球向空中抛起喊号，被喊号者应声前去接球。要求：根据时间和空间采取应急行动。

（9）老鹰抓小鸡："小鸡"跟在"母鸡"背后，用手扶住前面人的髋。"老鹰"站在"母鸡"前面要抓后面的"小鸡"，"母鸡"伸开双臂设法阻止。要求：斗智斗勇，巧用心计。

（10）围圈打猴：指定几个人当"猴"，在圈中活动，余者作为"猎人"手持 2～3 个皮球围在圈外，掷球打圈中的"猴"（只准打腿部），被击中的"猴子"与掷球的"猎人"互换。要求：眼观六路，耳听八方，掷球准确，躲闪机灵。

（11）跋山涉水：用各种器械和物体设置山、水、沟、洞等，练习者采取相应动作越过去，山要攀登，水要划行，沟要跳越，洞要匍匐前进，看谁跋山涉水快。此游戏可分成两组计时比赛。要求：协调灵活，及时改变动作。

（12）传球触人：队员分散站在篮球场内，两个引导人利用传球不断移动，追逐场上队员并以球触及场内闪躲逃跑的队员，凡被球触及者参加传球，直到场上队员全部被触及为止。要求：传球者不得运球，走步违例；闪逃者不准踩线或跑出界外。

（13）追逐拍、救人：队员分散站在场内，指定 4 名引导人为追逐者，其他队员闪躲逃跑。当有人被拍着时，需马上原地站立，两手侧平举。此时，同伴可去拍肩救他，使之复活逃脱。由于在救人时可能被追拍，因此，该游戏可以培养自我牺牲的精神。要求：判断准确，闪躲敏捷，救人机智。

（14）"活动篮圈"：队员分两大组，每组设活动篮圈一个（两人双手伸直，相互握手）。教练员抛球，两组跳球开始比赛，设法将球投入对方的活动篮圈中去，比哪组投中次数多。要求：按篮球规则进行比赛，活动篮圈可以跑动，但不能缩小，防守队员可以在篮圈附近防守。

（15）"火中取栗"：练习者分成两个小组，一个小组的人手挽手面向外围成一个圈子，以保护圈子中的几只球，另一个小组的人则设法钻进去把球取出来。要求：动作灵巧，合理对抗。

二、发展灵敏素质的注意事项

（一）训练方法、手段应多样化并创新

灵敏素质的发展与各种分析器和运动器官机能的改善有密切的关系。人体能否在运动中

表现出准确的定向定时能力和动作准确、迅速变换的能力，都取决于各种分析器和运动器官功能的提高。而人体一旦对某一动作技能熟练到自动化程度时，再用该动作去发展灵敏素质的意义就不大了。为此，发展灵敏素质训练的方法应是多种多样的，并且要经常地创新。这样不仅可以使人掌握多种多样的运动技能，还可以提高人体内各种分析器的功能，在运动中能够表现出时空三维立体中的准确定向定时能力，还能表现出动作准确、变换迅速的能力。

（二）掌握专项一定数量的基本动作

运动技能本质是条件反射，这种在大脑皮层中建立的条件反射暂时联系的数量越多，临场时及时变换动作的暂时联系的接通就越迅速准确，在已掌握的运动技能的基础上，可以快速形成新的应答性的动作来应付突然发生的情况。因此，应尽量多掌握一些基本的动作、基本技术及战术等，这样做有利于提高灵敏素质。由于灵敏素质是人体综合能力的表现，发展灵敏素质还必须从培养人的各种能力入手，在练习中广泛采用发展其他身体素质的方法来发展灵敏素质，并培养掌握动作的能力、反应能力、平衡能力等。

（三）抓住发展灵敏素质的最佳时期

灵敏素质是在中枢神经系统的指挥下，各种能力的综合表现。儿童、少年的神经系统是人体发育最早、最快的系统，他们具有较好的反应能力，动作速度、平衡能力、节奏感等方面具有很大的发展潜力，这些都为发展灵敏素质提供了有利的条件，因此，应抓紧这一时期进行灵敏素质训练。

（四）灵敏素质训练时应注意消除练习者的紧张心理状态

在进行灵敏素质训练时，教练员应采用各种有效的方法与手段，消除练习者紧张的心理状态和恐惧心理。因为人心理紧张时，肌肉等运动器官也必然紧张，会使反应迟钝，动作的协调性下降，影响训练的效果。

（五）合理安排训练时间

灵敏素质的训练在整个训练过程中都应该适当安排，使之系统化。但训练时间不宜过长，训练重复次数不宜过多。因为肌体疲劳时运动员力量水平会下降，速度将减慢，节奏感被破坏，平衡能力会降低，这些都不利于灵敏素质的发展。有经验的教练员都是根据不同训练过程的特点来安排灵敏素质的训练。例如，随着比赛的临近，技术训练比重增加，协调能力的训练应相应加强。准备期以一般灵敏素质训练为主，比赛期以专项灵敏性训练为主。在一次训练课中应把灵敏素质的训练安排在课的前半部分，让运动员处在体力充沛、精神饱满、运动欲望强的状态下进行训练。

（六）灵敏素质的训练应有足够的间歇时间

在进行灵敏素质的训练过程中应有足够的间歇时间，以保证氧债的偿还和肌肉中 ATP能量物质的合成。但休息时间又不可过长，休息时间过长会使中枢神经系统的兴奋性大幅度下降，在下次训练中就会减弱对运动器官的指挥能力，使动作协调性下降、速度减慢、反应迟钝，这必然影响训练的效果。一般来说训练时间和休息时间可控制在 1∶3 的比例。

（七）应结合专项要求进行训练

灵敏素质具有专项化的特点。经验丰富的教练员都针对专项运动对灵敏素质的特殊要求安排灵敏素质训练，使训练效果与专项要求相一致。例如，篮球运动员多做发展手的专门灵敏性训练，以提高其手感和控球能力。此外，还应注意控制练习者的体重。

参考文献

［1］刘卫东．篮球运动的制胜规律［M］．北京：北京体育大学出版社，2014.

［2］左庆生，张海民，邱勇．现代篮球运动教学训练实用指导［M］．北京：北京师范大学出版社，2013.

［3］于平，王厚民．篮球运动［M］．合肥：合肥工业大学出版社，2014.

［4］胡英清．现代篮球运动科学训练探索［M］．北京：中国书籍出版社，2016.

［5］杨改生．中国篮球运动发展研究［M］．开封：河南大学出版社，2014.

［6］高治．现代篮球技战术实践与创新［M］．北京：中国书籍出版社，2014.

［7］王恒．篮球教学与训练［M］．哈尔滨：哈尔滨工程大学出版社，2016.

［8］胡英清，余一兵，吴涛．现代篮球科学训练探索［M］．北京：中国书籍出版社，2016.

［9］鲁娇娇．我国篮球运动体能训练存在的问题与解决对策［J］．文体用品与科技，2015（22）：179-180.

［10］马宏奎．篮球技战术：从入门到精通［M］．北京：化学工业出版社，2017.

［11］钱光田．篮球训练理论与实践方法研究［M］．北京：中国商务出版社，2014.

［12］仲显彬．试论篮球运动体能训练存在的问题与解决对策［J］．当代教育实践与教学研究，2016（12）：251-252.

［13］谭朕斌．篮球教学理论与实践探析［M］．北京：北京体育大学出版社，2014.

［14］谢正炀，高军晖．篮球进攻与防守战术间的博弈及实例分析［J］．运动训练学，2015（5）：34-36.

［15］于斯萌．浅谈篮球教学中的基本功［J］．才智，2013（33）：75.

［16］黄德兴．篮球训练执教方略［M］．昆明：云南大学出版社，2014.

［17］许传洲．现代篮球攻防战术理论与运用分析［D］．大连：辽宁师范大学，2013.

［18］陈志坚，周鹏．篮球［M］．北京：清华大学出版社，2015.

［19］江洋．高校篮球运动训练专业学生体能训练的问题与思考［J］．安徽师范大学体育学院，2017（4）：81-82.

［20］董芮．我国篮球体能训练研究进展——基于科学知识图谱的可视化分析［D］．北京：北京体育大学，2017.

［21］杨佳．新时期高校篮球教学与训练方法创新研究［J］．灌篮，2019（2）：32-33.

［22］刘庆广，霍子文．关于篮球防守理念发展趋势的思考［J］．北京体育大学学报．2015（2）：122-126.

［23］杨成军．高校篮球课程教学改革与创新研究［J］．湖南城市科学学院学报，2016（6）：193-194.

［24］宋梅，童金茂．我国普通高校篮球运动体适能训练实验研究［J］．喀什大学学报，2018，39（6）：73-77.

［25］赖义森．高校篮球训练理念以及训练方法研究［J］．当代体育科技，2016（3）：31－33.

［26］王峰．现代篮球运动的理论研究［M］．北京：人民日报出版社，2014.

［27］仲显彬．试论篮球运动体能训练存在的问题与解决对策［J］．当代教育实践与教学研究，2016（12）：251－252.

［28］周智斐，彭瑶，周利人．我国高校篮球运动发展现状及对策研究［J］．当代体育科技，2015（23）：218－219.

［29］马增玉．浅谈比赛教学法在大学篮球教学中的意义［J］．现代职业教育，2017（22）：86.

［30］郭秀英．高校篮球教学与训练的新方法研究［J］．当代体育科技，2018（21）：100－101.

［31］陈理．浅谈现代篮球教学方法［J］．当代体育科技，2014（12）：62.

［32］黄辉杰．篮球团队训练中积极情绪与人际信任的关系研究［D］．福州：福建师范大学，2014.

［33］邢进．篮球跑轰进攻战术体系探究［J］．文体用品与科技，2014（24）：193－194.

［34］翁荔．浅析高校篮球技战术教学中对学生篮球意识的培养［J］．科学技术创新，2017（1）：54.

［35］姚宪国．对我国篮球运动体能训练的管窥［J］．当代体育科技，2015（25）：40－41.

［36］沙铭海．高校篮球教学及训练创新方法［J］．文体用品与科技，2019（13）：162－163.